新潮文庫

大阪学 世相編

大谷晃一著

新潮社版

6720

はじめに

いま、大不況で日本中がしゅんと沈み切っている。ところが、何やら騒がしいのが二カ所だけある。一つは横浜である。ベイスターズが日本一になった。もう一つが大阪だが、この方はいま景気がいい話ではない。阪神タイガースの監督に野村克也氏が決まったというのである。大阪のスポーツ新聞を見ていると、来年は優勝でもするように盛り上がっている。ふしぎな土地柄である。

その大阪、いや日本のいまの世相を「大阪学」の目と耳で写そうとしたのがこの本である。

この七十五編は、『何んでやねん!?』のタイトルで一九九七年（平成九年）六月十一日から翌一九九八年（平成十年）十二月十六日まで、大阪新聞に連載した。初めは年末まで半年ぐらいという約束だったが、報道部長・木戸照博氏の、好評だからというおだてに乗って延長を重ね、とうとう一年半も続くことになった。一回も休まなかった。

「大阪学」権威、大谷晃一さんが11日から2面に登場(毎週水曜日)。四方八方に張り巡らせた情報アンテナを通して収集し見聞した大阪の「今」を分析し、「二一世紀の大阪」を鋭く透視してみせます。大谷さんは、「タイトルの『何んでやねん』は突っ込みの大阪弁である。大阪の世相や出来事を見聞して、なぜにそれが『大阪』なのかを見立てたい」と話しています。……

開始前に、こんな予告が載った。新聞社が書いたのだが、ほぼこれに尽きている。これは、『大阪学』の応用編であり、世相編というべきものである。本の題はこの『大阪学　世相編』とした。

本当は難しいことも言っている。しかし、私は学者語を一切使わなかった。できる限り常用漢字を使って書いた。常用漢字以外はすべて振り仮名をつけたが、固有名詞のほかにつけたのは、ごく少ない。

もちろん対象は大阪だが、もっと広くしたこともある。当然ながら、大阪もその中に入る。大阪だけとなると、視野が狭まるためである。あるいは、「日本学　世相編」としてもいいかも知れない。

本にするには、やはり『大阪学』『続大阪学』の縁で経営書院にお願いした。引き続き、中村実氏をわずらわせた。大阪新聞の異動で一九九八年七月に報道部長は田谷信友氏になり、木戸氏とともにお世話になった。整理・校正してくれたのは畝村暁子さんである。

一九九八年十一月七日

大谷晃一

目次

はじめに
儲かりまっせ 15
野茂と伊良部 17
シルバー・シート 21
ホンコンと大阪 24
スーパーでのおばちゃん 26
ケイタイの時代 28
天神祭て何んや 31
大阪対横浜 34
高校野球人気 37
幽霊ばなし 39
強盗と大阪弁 41
巨人最下位の楽しみ 44
エスカレーター学 46
勝者のポーズ 50
博物館都市 52
関西学 56
コンビニ風俗 59
ベビー・カーという怪物 61
阪神ファン総決算 64
東と西の境界線 67

コギャル語昨今 69
東京製吉本新喜劇 72
ジベタリアン診断 74
大阪とスポーツとの相関 77
欠礼状の季節 79
マックとマクド 81
日本人の変身 84
大晦日は一日千金 86
年賀状との付き合い方 89
世紀末が来た 91
大震災の教訓 93
大阪人度テスト 96
幻の首都大阪 98
××一色の罪状 101
女子大生の目Ⅰ 103
女子大生の目Ⅱ 105
女子大生の目Ⅲ 108
大阪の名の由来 110
卒業生へ贈る言葉 112
中学生の犯罪 115
君たちはどう生きるか 117
通り抜けの由来 120

プロ野球大阪軍団　123
大阪流道路横断法　127
大阪の男と女　129
いじめ今昔　131
食べ物屋の風景　134
○か×かの時代　136
テレビカメラの前の大阪人　138
働くことと遊ぶこと　141
大阪人中の大阪人　143
大阪は住みにくいか　146
目立ちたがり屋　149

W杯騒ぎ一件落着　153
改革とは一体何んや　156
電車の中の心理学　158
帽子の話　160
仏と神の正体Ⅰ　163
仏と神の正体Ⅱ　165
女と仕事　167
くり返しの時代　169
監督責任論の行方　172
葬式のこのごろ　175
当世見苦しき人　178

イエスかノーか　180
横浜の司令塔　182
五輪誘致の本音　185
東京人と大阪人　188
東京はなぜいいか　191
チカン　アカン　193
近ごろ心うたていい人　196

上座と下座　199
個性的の内幕　201
大阪は国際都市　203
前進あるのみ　206
文庫のためのあとがき
解説　島村洋子

大阪学 世相編

儲《もう》かりまっせ

私がいつも通る電車の駅にこんな広告がある。いや、大阪中のあちこちで見られる。「読んだ人から　儲かりまっせ　大阪新聞」。多くの大阪人が読んでいる新聞の広告である。「儲かりまっせ」が赤字で一段と大きく、よく目立つ。この広告が面白い。私は毎日のように感心している。

ふつう、新聞の広告は情報が早くて多いことなどをうたう。これに教養とか娯楽とかを付け加える。これが本筋である。ところが、ここでは儲かるという。これは絶対に大阪でなければ成り立たない広告である。大阪新聞と続くのには、あっと言う。これが別の××新聞と来たら、調子が合わない。とくに東京という字が来たら、様にならない。大阪新聞だからいいのである。

儲かるは、もうかると読む。大体、この字は常用漢字ではない。読んでもらえなければ意味がないから、広告には制限文字は禁物である。ところが、大阪の人間は儲かるという字はだれでも読めるのだ。このことまで見通している。

もちろん、新聞を読んで儲かることもあるかも知れない。株式やギャンブルの記事もある。しかし、この新聞はその種の専門紙ではない。それでも儲かるのである。何《な》んでやねん。

大阪人の会話を聞いていると、「得した」とか「損した」とよく言う。直接な損得はもちろんだが、そうでない場合にも使う。「きょうは休講やのに来て損した」と、大学で学生が話している。「ちょうどアジサイの満開が見られた、得したわ」と、おばさんたちが観光地で会話している。大阪人はものを考えるとき、何んでも損得で割り切るのである。「こんな話題を知って、えらい得したわ」というのを、この広告はねらっている。

何か行為するとき、善悪で判断するのが人並みである。法律や道徳やルールに反していないかどうか。ところが、大阪だけは違う。損得で考える。これは、大阪が近世から商人の町であり、根っからの損得の社会だったからである。近代になっても、中小企業の町である。武士や大企業のように格好をつけない。秩序よりも自由を求める。個人的な合理主義である。だから、大阪人はケチでがめついと悪評が立つ。これは、ほんまか。

よく考えてみよう。儲けたい。この思いは、大阪人だけではないだろう。人類共通のものかも知れない。バブルの時代に多くの日本人は何かしらこれに巻き込まれて、金儲けに走ったではないか。しかし、だれもがこれを表に出したがらない。ひたすら隠す。ええ格好している。中でも、東京はそうである。

ところが、である。大阪人は隠さない。儲けたいと公言する。ただそれだけの違いなのである。

一つの広告が、いろんなことを教えてくれる。えらい得した。

野茂《のも》と伊良部《いらぶ》

日本人が、アメリカ大リーグで活躍している。すでに、野茂英雄《のもひでお》投手がドジャースで立派な実績を示した。こんどは、伊良部秀輝《いらぶひでき》投手がヤンキースに鳴り物入りで入団した。いよいよ、話題が高まるだろう。野茂は大成功をした。伊良部もまた、その成果が大いに期待される。二人は大リーグでの日本人の代表である。

ふと、気付いた。何んと、この彼らがともに大阪人だったのだ。野茂は大阪市港区で生まれ育った。伊良部は尼崎市の出身である。これはすごい。何んでやねん。

なるほど尼崎市は兵庫県である。しかし、私の「大阪学」ではれっきとした大阪である。神崎川《かんざき》をはさんで、市街はずっと続いている。尼崎は大阪の下町そのものである。神崎川をまたいだら大阪の人間でなくなるなんて、いかにもばからしい。現に、尼崎市の電話の市外局番も大阪市と同じ06である。

野茂と伊良部に共通するものは何か。二人とも一匹オオカミである点である。どちらも、もう一つチームに溶け込まない。野茂の大リーグ入りのときも、わがままだと散々にたたかれた。野球協約に違反しているというのである。伊良部はもっとひどい。ロッテ時代に味方が打てなくて敗戦投手になると、怒って壁を蹴《け》ったという。こんども、どんなことがあってもヤンキースでなければいやや、と駄々をこねた。おかげで、わがままだ、自分勝手だ、ルール違反だと袋だたきに遭う。自己中心的と見なされている。

もう一つの言い方をすると、二人とも夢に向かって自分を貫く。どんな障害にも屈しない。野茂は英語も話せないで、敢然とアメリカに渡った。伊良部は破格の契約額でチームの一部の冷眼の中へ堂々と乗り込んで行く。

◀エクスポズ・伊良部

◀エクスポズ・吉井

▶エンゼルス・長谷川

▶レッドソックス・野茂

◀メッツ・新庄

さらに、二人のインタビューを見れば分かる。野茂は人見知りするらしい。しゃれた返事もしない。もっさりしている。長嶋茂雄の東京風の格好よさとはまるで違う。伊良部もまた同様である。ときには、けんか腰になる。実力で来い、という気持ちが見える。

組織よりも個人。これが大阪である。こんな性格を二人とも持っている。規則なんか打ち破り、現状から脱出する勇気も、彼らにはある。

これに続き長谷川《はせがわ》滋利《しげとし》（元オリックス）と柏田《かしわだ》貴史《たかし》（元巨人）と前田勝宏《かつひろ》（元西武）の三投手も大リーグで投げている。前田は神戸の出で、大阪圏である。長谷川は姫路の出身で、これも大阪に近い。もう一人の柏田だけは熊本の産で、ただ一人大阪圏ではない。組織を飛び出してアメリカ大リーグに乗り込む選手が、現在五人いる中に大阪圏が四人も占めている。そして、東京や東日本からはだれ一人いない。これは、注意を引くことではないか。

大阪こそが、ほんまもんの国際化都市かも知れない。

吉井《よしい》理人《まさと》（元ヤクルト）、鈴木誠《まこと》（滝川二高中退）もこれに加わった。鈴木は神戸、吉井は和歌山県箕島《みのしま》の出身だから、広い大阪圏になる。野茂はレッドソックスに、伊良部はエクスポズへ移籍している。

さらに大リーグ熱が広がり、佐々木主浩《かずひろ》やイチローや新庄剛志《つよし》が出て行った。彼らは宮城、愛知、福岡の出身である。

他にも、大家友和《おおかともかず》（元横浜）が活躍中。いまはオリックスに戻った木田優夫《きだまさお》もいた。大家は京都出身、木田は出身が東京、高校は山梨である。また、柏田、前田はそれぞれ帰国し、巨人、中日に。

シルバー・シート

これを読んでいる方にお尋ねしたい。いま、大阪を走っている電車の中で、シルバー・シート、つまり優先座席に座っている人が、年寄りや体の不自由な人に席を譲っている光景を見た方がおられるか。まあ、せいぜいまれに見る程度だろう。それを、怒ったり嘆いたりしてはいけない。もはや、そういう時代と世相なのである。

「君、シルバー・シートだから席を替わりたまえ」と、老紳士が若者に言う。そういうことが、まだ東京では見られるそうである。大阪では絶対にない。そんなことをしたら、若者になぐられるかも知れない。周囲も、「何んや、どあつかましいおっさんや」と冷たい目で見るだろう。

シルバー・シートがどうのというどころの騒ぎではない。すき間をたっぷりと空けたり、横に荷物を置いたり、長い足を大きく組んでいる。こうして、三人分の座席を二人で占領している。それがはつらつとした中高校生だったりする。記章を見ると、有名進学校が多い。受験勉強で疲れているのかと思うと、がやがや騒いでいる。そのシルバー・シートの前に年寄りが立っていても、鼻もひっかけない。詰めたりはしない。この風景に接すると、「ああ、こんな世の中になったんだ。なるほど、受験こそは弱肉強食なんだ」と実感する。

実は、座席には規則がある。電車の座席の幅は、鉄道営業法の普通鉄道構造規則で旅客一人につき四〇〇ミリ以上とされている。JIS規格では一人に四三〇ミリを原則としている。ロングシートは三人掛け、五人掛け、七人掛けというように決まっているのだ。とくに大阪では、それをきちんと座っていないことが多い。

わずかなすき間におしりを割り込ませる大阪のおばさんへの非難の声は大きい。が、すき間があるということは、どこかで詰めないでいるわけである。そういう余分に占領している人は責められない。

東京では、早くからJRも私鉄も定員通りに厳格に座ってもらおうと苦労している。一人分ずつ模様や色分けをしたり、凹凸《おうとつ》をつけたり、後ろに何人掛けと表示したり。欧米ではそれが当然で、ロンドンの地下鉄は一人ずつひじ掛けがつき、ニューヨークでは座席が凹《へこ》んでいる。

大阪でもようやくJR西日本や市営地下鉄や阪神電鉄が区分けの表示をするようになった。しかし、まだまだ阪急電鉄以下の私鉄の多くはそれに不熱心である。「座席を指定するつもりはおまへん。それはお客の勝手でっせ」という態度である。せめて何人掛けかを表示したらとある大阪人に話したら、「ほんなら、コニシキが座ったら、どうするねん」と、理屈をこねる。これが大阪である。

要するに、大阪人は規則にしばられるのが大きらいで、自由勝手にしたいのである。

とうとう、阪急電鉄は優先座席ことシルバー・シートを廃止した。全席が優先座席だという。ということは、ないのも同じことなのである。

ホンコンと大阪

ホンコン、ホンコン、と連日のようにテレビが騒がしい。世紀の瞬間だとか何んだとか叫んでいる。香港の主権が百年ぶりにイギリスから中国に返還された。もっとも、オリックスのイチローが何か記録を作るときも世紀の瞬間が連発されるから、あまり驚かない。

私は一九九四年（平成六年）のことを思い出した。なぜか、『大阪学』がベストセラーになった。テレビ、ラジオ、新聞、週刊誌、月刊雑誌とマスコミが押し寄せて来た。意外にも、東京からたくさんやって来る。「何んでいまごろ急に大阪に関心があるねん」と、私は彼らに聞き返した。彼らは一様に「いま東京から見ていると、日本中で大阪だけがどこか違う。人種が違うのではないか。たとえば香港などに似ている。そのわけを知りたい」と答える。

大阪と香港は果たして似ているのか。いま、そのことを考えて見よう。なるほど、テレビで香港の夜景をながめていると、そのネオンは派手である。でかい、色がきつい、目立つ。やはり、大阪と同じであるのか。

ほんなら、大阪と香港の成り立ちに相通ずるものがあるのか。大阪は近世から商売の町だった。近代でも中小企業の町である。それが、大阪を競争と損得と本音の社会にした。そういう気質を多くの大阪人が持つようになった。一方、香港を実質的に動かしているのは華僑《かきよう》、つまり中国人である。もともと中国の人は現実的である。その上、長く国家が頼りにならない歴史があった。全く自分の力で生きねばならなかった。大阪と同様に競争と損得と本音の気質を持つようになるのは自然である。大阪も香港も規制をきらい、自由を愛する。

こんど、吉本興業は香港の最大の映画会社と提携してお笑い映画の製作を進めているという。大阪と香港の合弁である。

さて、その香港が中国に返還されてどうなるのか。一国二制度にするというが、うまく行くかどうか心配されている。やはり問題が生じると思う。なぜなら、こんど香港を支配するのは中国共産党の政府である。彼らはきびしい主義を持ち、いろいろと規制をかけて来るだろう。建前がその金看板である。そこで、主義の対立がおこるだろうというのは間違っている。大阪人や香港人はこれに対抗する主義を持っているのではなく、主義というものを信じないのである。そして、上から規制され抑えつけられるのをいやがる。本音で生きたい。この建前対本音はどうなるだろうか。

いま、東京が大阪に関心を深めているのも、この違いからであろう。東京は建前が好きで、すべての規制は東京から発している。これを大阪はきらう。自由勝手にやりたい。大阪だけが東京への反発を隠さない。だから、東京から見ると日本中で大阪だけが違うのである。北京から見ると、やはり香港は違うだろう。

スーパーでのおばちゃん

おばさんたちは、大阪の名物である。大阪の活気をあらわす。その彼女たちが一番多く目につくのがスーパー・マーケットである。スーパーでのその生態をお知らせする。観察したのは、私の帝塚山《てづかやま》学院大学の女子大生である。彼女は一回生で、私の「大阪学」を受講し、スーパーへアルバイトに行っている。

ちょっとこの講義について説明しておく。これは一九八八年（昭和六十三年）四月に開講した。地名を冠した学問を大学で正式な講座にした。人のやっていないことを、人よりも先にやるのが大阪である。私も生粋の大阪人である。講義だけでなくて、学生に大阪を観察し考察してもらい、「大阪学ウォッチング」という名のミニ・レポートを書かせている。これはその一つである。ただし、少し私が手を加えている。彼女の表現通り、ここではおばちゃんと呼ぶ。

1　おばちゃんは、すぐに人に触る。人を呼ぶときに、口で言わずにそばまで寄って肩をたたく。大阪人でないよその人にこれをやると、気持ち悪いといやがられる。

2　初めて会う人にも、なぜかずっと親しかったように話す。これがよその土地の人にはなれなれしく、不気味である。

3　レジの人がおつりを目の前で分かってもらうように数えて渡すのに、すぐにもう一度数え直す。失礼で、人が気を悪くしても平気である。

4　おばちゃんたちは普通にしゃべっていても、何かけんかしているように見える。これは、まず大阪人の声が大きいからである。活気がある。また、会話の中にきっと突っ込みを入れる。これは大阪人特有で、漫才が大阪で発生したわけがよく分かる。

5　どんなに並んでいても、平気で最後までしゃべり続ける。

6　半額の特価品を買うとき、レジの人に「買おうと思ていたら、ちょうど半額になってよかったね」と、言い訳がましく話しかける。人がいまどう思っているかに、非常に敏感なのである。ちょっと、見えを張ることも忘れない。

7　袋を異様に欲しがる。「ただのもんは、もらわんと損や」が彼女たちの信条である。

駅頭でティッシュ・ペーパーを配っていると、後ろにある大箱からごっそり持って行く人もいる。大量にはけるから、配る方も喜んでいる。みなが得する。

8　かごを元の場所に絶対に戻さない。「何んでそんなことまでお客がせんならんねん」が、その言い分である。

では、女子大生自身はどうなのか。彼女が観察している。

1　会話にきっとぼけと突っ込みがある。

2　きれいな服を着ていても、大声で笑う。

3　大げさにしゃべる。

4　リアクションが大きい。

最後に彼女は「大阪に生まれてよかった」と結んでいる。

ケイタイの時代

ケイタイの時代がやって来た。とくに、大阪がすごい。車内や会議室や講義中の教室までピッピッピッピッと鳴る。日経産業消費研究所の調べでは、大阪圏で携帯電話を自分専用に持っているのは二九・七％で、東京圏より八・三％も多い。ポケットベルを持つ人も一〇・八％で、同じく二・九％も上回る。ところが、パソコンを持つ人も、電子手帳を使う人も、東京とほとんど変わらない。これを見ると、大阪人が便利で役に立つものはすぐ利用したがるのが分かる。パソコンや電子手帳はまだ使いにくく、ややこしいと疑っているのだろう。また、電話機をただ同然にするという売り出し方も大阪向きだった。大阪人はただに弱い。

ケイタイが世間をにぎわせたのは、電車の中でのマナーへの非難であった。着信音が鳴って、通話がはじまる。周りの人を不愉快にさせて、けしからんという。これは明らかに大阪の方がひどかっただろう。第一に携帯電話を持っている率が多い。それに小声ならいいという人もいるが、あいにく大阪人は無遠慮で声が大きいと来ている。

しかし、その規制にまず動いたのは大阪ではなかった。東京のＪＲ東日本や私鉄八社が、車内の携帯電話はご遠慮をと呼びかけ、乗車するときは電源を切れと要請している。ところが、もっとひどいはずの大阪ではそれが遅れた。そんなことは勝手であるという気分があったのか、それをやると、かえって反発がおきるというのか。とにかく、マナー規制には及び腰である。

おばさんや団体さんをはじめ、車内で大声で話している風景は大阪では普通のことである。東京の山手線や地下鉄で大きな声で話しているのは、大阪人だといわれているそうである。それは規制の対象にはならずに、携帯電話だけが非難されるのは何んでやねん。

まず、東京の車内は大阪に比べて静かで、みなひそひそと小声で話しているという点である。これは、わが帝塚山《てづかやま》学院大学の何人もの学生がレポートで報告している。ふと気づくと自分たちの大阪人仲間の声だけが響いていて、ぎょっとしたという。そんなに静かだから、電話の声が目立つのである。

最初、携帯電話を持つ人は少数だった。むろん、値も高い。そこで、車内で携帯電話をかけることは見えにもなった。周りの人は見せびらかしているように思う。すると、不愉快さが増幅する。そこで、非難が高まったのではないか。

大阪は、その見えに寛容なのかもしれない。勝手にやらしといたらええ、と考えている気配がある。しかし、この問題は、時間が経《た》つにつれて収まって来るだろう。なぜなら、もっとだれもが携帯電話を持つようになったら、自慢することでも何んでもないことになるからである。

その後、大阪でも電車内での携帯電話の使用が一層きびしくなって来た。心臓のペースメーカーに支障があるという。これはやむを得ない。いつもはご遠慮を、混みあっているときは電源を切って下さいという。しかし、携帯でメールを交換している光景が近ごろ多い。これをとがめる車掌も乗客もいない。声を出していないからである。

天神祭て何んや

ことしも、天神祭がやって来た。大阪の町は浮き立つ。「ジキジン、ジキジン、ジャンジャカジャン」のおはやしの調子は、いかにも大阪である。せかせかと早く激しい。京都の祇園《ぎおん》祭のは「コンコン、チキチン、コンチキチン」で、緩く悠長で優雅である。

この天神祭て、何んやねん。大体、大阪人は天神さんを信じているのか。ここに、ことし一九九七年（平成九年）一月にまとまったNHK放送文化研究所の九六年全国県民意識調査の結果がある。これによると、「神や仏などの心の拠《よ》りどころはいらない」が大阪では四四・三％で全国一位である。「神や仏に願いごとをするとかなえられる」が五〇・〇％で、北海道と千葉に次いで三位と低い。「祖先に強い心のつながりを感じない」が三六・〇％で、これも全国一位であった。夏祭りやお盆の行事は盛んだけれども、大阪人の心の内はこの数字である。大阪人の根強い現実主義や合理主義が証明される。

そこで、天神祭をかくも盛大にやるわけを解いてみよう。そもそも、天神、つまり菅《すが》原道真《わらのみちざね》を祭るのは、政治の陰謀で九州へ流されて死んだのに始まる。京都にはやり病や災難が相次ぎ、道真の怨霊《おんりよう》のせいと恐れられた。これを鎮《しず》めるために京都に北野天神社ができた。難波《なにわ》の大将軍の森で道真の霊を見たという人があらわれ、そこに道真を祭ったのが天満宮である。雷が落ちたら、天の神様が怒っていると思う人は、いま大阪にはいないだろう。

江戸時代の天神信仰は、大坂が都市化して増えたはやり病や災害をはらうためであった。とくに梅雨から夏にかけてははやり病や災害の季節である。だから、夏祭りが盛んになった。しかし、今そんなことを考える人はいまい。もう一つ、大坂は商売の町であり、読み書きそろばんの学問が商売に欠かせない。そこで、学問の秀才といわれた道真に子どもの学業成就《じようじゆ》をお願いすることになった。これは受験競争が激しい現代に生きている。だが、それを人が思い出すのは、冬の受験シーズンだろう。人は天神祭にはあまり個人的な願いごとをしない。それは正月の十日えびすでやるようである。

すると、何が天神祭のエネルギーなのか。とくにこの祭は夜がいい。暮れなずむと、

天神祭

人びとは夕涼みを兼ねて出かける。暑気払いでもある。ちょうど商売は夏枯れである。渡御《とぎょ》に参加する人は、血を騒がせて羽目をはずす。日ごろのストレスを発散する。つまり、天神祭は大阪の町全体のバカンスなのである。

大阪の広告は目立ちたがりである。渡御船を出す企業は、社名や商品名を大きく見せつけて宣伝をねらう。大スポンサーの大阪商工会議所は、観光客の誘致を期待する。総費用は一億円程度だが、その経済効果は六十億円に上るだろうと胸算用する。天神祭は大阪市民の一大イベントでもある。

大阪対横浜

二〇〇八年のオリンピックの日本候補地を、大阪が横浜と張り合っている。大阪優勢の予想である。こんなニュースに、大阪は何か一つ気が収まらない。何んで、横浜と競わねばならないのか。相手が東京なら話が分かる。それほど大阪は格落ちしたのか。

長い間、大阪は東京に次いで日本で人口が第二位の都市なのを誇っていた。ところが、一九八五年（昭和六十年）時点から横浜に抜かれて第三位に転落している。大阪はいつのまにか日本で三番目の都市だったのである。一九九五年（平成七年）末の住民基本台帳では、東京区部が七九九万人、横浜市が三三〇万人、大阪市が二六〇万人、以下は名古屋市が二〇九万人、京都市が一四六万人、神戸市が一四二万人の順である。

だが、考えてみれば、それは当然のことでもある。横浜市の面積は四三三平方キロで、大阪市は二二〇平方キロである。横浜は大阪の二倍も広い。面積が二倍もあれば、人口で抜かれても仕方があるまい。一キロ平方にどれほどの人が住んでいるか。大阪市が一万千八百人と過密である。横浜市は七千六百人しかない。だから、大阪市が周辺の市を加えて面積を二倍にすれば、たちまち横浜を抜くのは間違いない。東大阪も守口も門真《かどま》も、大阪市と町並みが続いている。さらに、大阪市西淀川《よどがわ》区と兵庫県尼崎市は、ほぼ分け目のない下町である。これらは、みな大阪なのである。宝塚歌劇も阪神タイガースも、まぎれもなく大阪の文化である。谷崎潤一郎の『細雪《ささめゆき》』の舞台は芦屋市と神戸市東灘《ひがしなだ》区だが、あれはまさしく大阪船場《せんば》の女を描いた小説である。職住分離で、船場が芦屋に移ったのにすぎない。何も日本三位とコンプレックスを感じることはない。

さて、オリンピックで大阪が有利なのは、競技の一都市集中開催方式のためであるらしい。五十一の競技施設のうち、四分の三が狭い大阪市内に集中することになっている。その他もほとんどは大阪市周辺である。これに比べて、横浜は広域分散開催方式をとっている。東京都と神奈川県をはじめ関東と山梨の八都県に会場が広く散らばる。首都圏ネットワーク型といってよい。何んのことはなかった。横浜が独り立ちして大阪に立ち向かったのではなかった。いうならば、これは大阪対首都圏という構図だったのである。この横浜方式には、会場と選手村などとの輸送に大いに懸念《けねん》がある。これが優劣の決め手になる模様である。

この二つのやり方の発想は、実は大阪と横浜の都市としての性格の違いからも来ている。大阪は何しろ狭い。やろうとすれば、集中方式をとらざるを得ない。また土地がないから、西の海を埋め立ててオリンピックの会場にするほかはない。一方、もともとだだっ広い横浜は広域分散方式を思いつく。

狭いものだから集中方式にして、オリンピック誘致には有利になった。が、次の世紀には狭すぎる大阪が問題になって来るだろう。

その後、オリンピック開催候補地は大阪になった。世界に向かって立候補したが、残念ながら敗れた。大阪の名は日本の中のようには、世界では通っていないことが分かった。

高校野球人気

八月は甲子園の高校野球の季節でもある。プロ野球は大いに盛んである。一方、サッカーのJリーグに一時のような興奮はない。昔は大変だった野球の東京六大学リーグは、もうその面影はない。その結果を新聞が小さく伝えるのみである。しかるに、高校野球の人気は、中等学校野球といった戦前から戦後を通じて少しも変わらない。何んでやねん。

明治の末から、日本も人口が大都会に集中しはじめる。東京や京阪神などの都市圏をめざして、人びとは故郷を捨てた。多くの大阪人は、親か自身が地方から出て来たのである。しかし、故郷を忘れ去ることはできない。その一つは、盆と正月の故郷への民族大移動にあらわれる。ことしも、やがてはじまる。

だが、帰る暇のない人も多い。故《ゆえ》あって、帰ることのできない人だっている。夏が来てやや仕事にも合間ができた。盆も来た。が、故郷へ帰れない。その心の揺れを味わっているとき、それぞれの故郷を代表した高校の野球チームが甲子園に集まって来る。人が高校野球に熱中するのは、望郷の念をこれによって発散するために外ならない。スタンドへ行けば、懐《なつ》かしい方言が飛び交うている。

昔は必ずしも全府県から来るのではなかった。北陸代表というのは富山、石川、福井三県から一校だけが勝ち抜いてやって来る。四国四県からは二校しか来ない。だから、その年は来ないということもあったのだ。近ごろは、全府県からきっと来ることになった。これが、人びとがこの大会に持っている気持ちに合うた。同じ甲子園の高校野球でも、春の選抜大会の盛り上がりが夏ほどでない。春は忙しくて構っておれないせいだけではなさそうである。やって来ない府県があっては、やはりまずい。それに、実戦で勝ち上がったのではないから、もう一つ力が入らない。

東京と大阪では、高校野球への温度差がある。もちろん、大阪は地元で開催されるために熱中するのだが、それだけではない。近年でこそ、東日本のチームは強くなったが、以前は弱かった。いまでも、北越や東北以北の優勝校を出していない。昔は愛知、大阪、兵庫、和歌山、広島、香川、愛媛など東海から九州にかけての西日本が圧倒的に強かった。関西と瀬戸内海圏である。そこから大阪へ来ている人が多い。高校野球大会が関西に生まれたのも当然である。

新聞やテレビが、高校野球に精神主義を盛んに持ち込んでいる。これに対して批判もあり、中には失笑してしまうこじつけもある。学校も監督も、一部の選手自身も全く実利抜きというわけでない。宣伝や就職やプロ野球に入るのに有利になるだろう。しかし、万事が金の時代に、多くの少年が損得を忘れてプレーに打ち込むのを見るのは決して悪いことではない。これはプロ野球やJリーグや大相撲にはない。故郷を思うのには、損得の念はない。

幽霊ばなし

幽霊の季節である。その幽霊て、何んやねん。

大阪では〈ゆうれん〉と、なまる。大阪だけかと思っていたら、京都や奈良や和歌山でも言い、東海や北陸や中四国や東北の一部までも、このなまりはひろがっているらしい。

幽霊をあまり本気に怖がっていないのが、大阪である。大阪で幽霊と言うと、当てにならんことを指す。「幽霊の手討ち」という言葉が、近世の末に大いにはやった。しがい(死骸、仕甲斐)、つまりやりがいがないと、しゃれのめした。

幽霊とは死者の霊魂をいう。生前に心残りや恨みを持って死んだ人の霊が、決まった人の前に現れる現象である。死者に恨みを与えたのではないかと恐れている者だけに見える。

平安時代の文学にも、よく出て来る。中世には御霊《ごりょう》信仰が盛んになり、戦や事故で死んだり自殺など非業《ひごう》の死を遂げた人の霊がさ迷い出ると恐れられた。近世になって円山応挙らの絵にも取り上げられ、芝居が人気を呼んだ。『東海道四谷《よつや》怪談』や『怪談牡丹《ぼたん》灯籠《どうろう》』や『番町《ばんちょう》皿屋敷』などがある。夏が幽霊の季節となったのは、先祖の霊が帰るという盆と関係もあるが、夏芝居に怪談をよくやったせいだろう。

なぜか、幽霊は女である。女は世に虐《しいた》げられ、言いたいことも言えなかったからであろう。昨今は男の方が弱くなったから、やがて男の幽霊がお目見えする日も近いに違いない。

みな白衣を着ている。「うらめしや」と両手を前に垂れている。草木も眠る丑《うし》三《み》つ時（深夜二時）に川端の柳の下に出る。雨がしとしと降り、生ぬるい風が吹く。最初は、ぴしゃぴしゃと草履の音が聞こえていたが、やがて足のない姿が定めになった。

人は死ぬのが怖い。肉体が灰になるのはどうしようもないが、せめて霊魂だけでも永遠に存在すると思いたい。この思いが、作り事の霊を信じさせた。で、この科学時代にも幽霊が生き延びている。

近世の末、大坂に山片蟠桃《やまがたばんとう》という人がいた。商人であり学者でもあった。「夢《ゆめ》ノ代《しろ》」という本を著したが、その最後にこんな辞世を書いた。

地獄なし極楽もなし我もなし　ただ有る物は人と万物

神仏《かみほとけ》化け物もなし世の中に　奇妙不思議の事はなおなし

いまから百八十年も前のことである。みなが素直に神や仏やお化けを信じていた時代だった。彼は地動説を説き、地球の外にも生物がいるとし、進化論の立場を取り、日本の建国神話を疑った。当時としては思いもつかない考えであった。その思想は、自由と合理と実証である。こんなすごい人が大坂にいたのである。

が、いきなりそんな人は出現しない。あるいは、大坂には怖いはずの幽霊をしゃれのめすような雰囲気があったのかも知れない。

強盗と大阪弁

このごろ、強盗事件が多い。すると、きっと新聞に、犯人が「金を出せ」とすごんだと書かれる。これは大阪の新聞だとおかしい。「金を出せ」は標準語である。関西で、犯人がみなこんな標準語を言うはずがない。これでは、リアリティーがまるでない。

ところが、一九九七年（平成九年）八月六日のある新聞に二人組の男が東心斎橋の路上で「持ってるもん、出せや」と、ラッカー・スプレーを通行人の顔にかけて二百万円を奪ったという記事が出ていた。珍しい。

強盗が大阪弁を使うとしたら、「金、出さんかい」や「金、出したれや」ということになるだろう。もちろんその場は怖いが、「金を出せ」とは、どこかニュアンスが違うように思われる。こんな場合でも、強盗は命令しない形を取っている。

大阪では人に物を取ってくれと頼むとき、「あれ、取って」と命じない。「あれ、取ってくれへんか」と、当人の自主的判断に任すような言い方をする。これと同じである。

阪神淡路大震災のとき、みなが「がんばりや」と言い合った。「や」がつくことは、「がんばれ」とは違うのである。ひどい状態のときに、「がんばれ」というような言い方は、かえって相手にむち打つようなものである。「や」一字だけで、それが変わる。強制や命令ではなく、相手へ心をかける気持ちが出ている。温かい。

例によって、「大阪学ウォッチング」に書かれた女子大生の報告を紹介する。その友人で、生粋の大阪人の女の子二人が東京へ行ったときの話である。夜、二人が歩いていると、男二人が近づいて来て、「金、出しな」と言った。そこで、彼女たちはひるまず、

「何言うてんのんよ、金なんかあらへん、アホか」と答えた。男たちは拍子抜けのていで、「君たち、大阪人じゃねーの」とつぶやき、そのうえ何もせずに立ち去ったという。少し下品だが面白い大阪弁が武器となって友人の身を守ったと学生は結んでいる。

大阪人は買い物で必ず値切るというのが定評である。日本中の観光地の売店のおばさんは、大阪人をすぐに見分けるという。声が大きくて、きっと値切るからだという。東京の人は、大阪では百貨店でもみな値切ると思っている。さて、この物を値切る言葉が東西では違う。これも学生の採取である。大阪日本橋《にっぽんばし》の電器屋で、たいていの大阪の人は、「ちょっと、負けてーや」と頼み込む。なれなれしく店員の肩をたたいたりする。「なんぼやったら、買うがな」と追い打ちをかける。東京秋葉原の電器屋では、値切りの言葉を採取するのは難しい。やっとただ一人の男性のを聞いた。とてもていねいな言葉遣いで、「すみません、この商品はこれ以上もう下がらないのですか？」と言っている。これでは、客と店員の間がどうもよそよそしくなってしまうのではないか。

とにかく、大阪弁は面白い。

巨人最下位の楽しみ

ことし一九九七年（平成九年）ほどいい年はない。何しろ、巨人が最下位になるかも知れない。こんなことは生涯にそんなにあるわけではない。私にとってのプロ野球の楽しみは、巨人が負けるのを見ることである。最高の喜びが、巨人最下位なのは当然である。セントラルでどこが優勝しようがどうでもいい。

前回は長嶋監督就任の年の一九七五年（昭和五十年）なので、もう二十二年も前になる。そのシーズンの末の十月十日だった。五位の大洋が中日と対戦した。大して注目されないデーゲームである。ラジオの中継を聞いた。大洋が勝てば、巨人の最下位が決定する。手に汗をにぎった。大乱戦の末に、ついに大洋が勝った。たしか、セカンドゴロをアウトにしたのではないか。その瞬間、私は思わず万歳を叫んだ。あの感激を、ことしも味わえるかも知れないのだ。

いま、阪神と巨人が五位を競《せ》り合うている。差し当たり、阪神にがんばってもらわねばならない。新聞でもテレビでも、ヤクルトと横浜のゲーム差がいま最も注目されている。だが、私にとって大切なのは、阪神と巨人の位置なのである。

なぜ、巨人が嫌いなのか。記憶では十歳ぐらいからだから、もう六十年になるのではないか。すると、一九三四年（昭和九年）に巨人が東京で誕生したとたんに嫌いになっていた計算になる。

嫌いなわけの第一は、その傲慢《ごうまん》さにある。「巨人が勝たなきゃ、プロ野球は駄目だ」と豪語する。しかも、そのために手段を選ばない。金で面《つら》を張って選手を引き抜く。最高のチームだから、エースや四番打者などの最高の選手を引き抜いた。これが巨人の論理である。別所、金田、張本らの引き抜きから、その歴史が始まった。きっと大枚の金が動く。ことし使ったのが三十億円を超えるという。「金のある者が勝つ」というなら、それはもうスポーツではない。金権だけでない。清原を取るためＦＡ制度を強行した。こんどは、イチローをねらって制度を変えるとのうわさがある。

すると、こんども巨人が最下位になったら、「金の世の中」という現代日本の抜き難い風潮を打ち砕くことになる。巨人最下位は社会的意義を持つ。これは、私の個人的趣味を超える痛快事になるではないか。

どうやら、巨人の持っている体質は東京そのものである。いま、東京が政治にも経済にも権力をにぎり、日本中を見下している。みな、それにひざまずいている。だが、大阪だけは「東京が何んや」としりをまくる。その反発が大阪人の心底にある。

巨人嫌いは、つまりは私が大阪人だということになる。私だけではない。巨人に勝ったときの阪神ファンの喜びようは特別のようである。私も、むろん熱い声援を送っている。阪神よ、巨人にだけは抜かれんといてや。

この一九九七年は、巨人のBクラス四位で終わった。五位の阪神とは一ゲーム差、六位の中日と四ゲーム差だった。惜しかった。ここ当分は、この楽しみがかなえられそうにない。

エスカレーター学

エスカレーターはじっと立っているものか。それとも、ずんずん歩くものか。それによって、その人の性格が分かる。

先日、私は東京の地下鉄の駅でぎくりとした。駅が深いらしく、二階分ぐらい長いエスカレーターであった。右側に私ひとりだけが立っている。上から下まで、だれもいない。そして、左側には一段にひとりずつ立っている。ひとつ空いていたりはしない。き

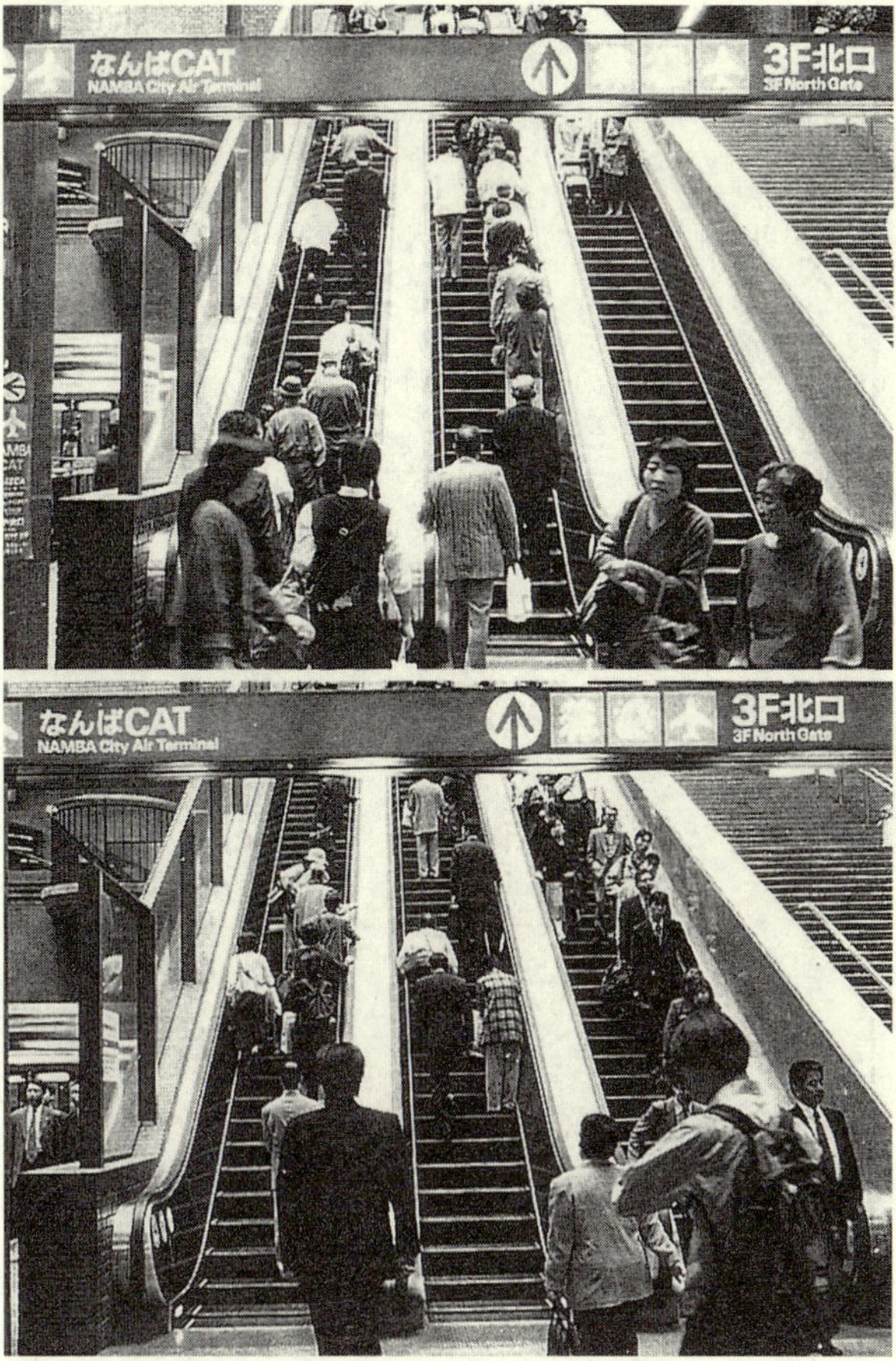

大阪では歩かない者は一応右に寄るということになっている

ちんと詰めている。だれも動かない。みごとな構図であった。私は感嘆した。長い間、大阪で生きているが、こんな光景を見た記憶がない。

なるほど、すき間をつくらないでという掲示がある。大阪にはそんな掲示はない。もしあっても、大阪人は守らないだろう。そんなことまで一々指示せんと、ほっといてんか、となるに違いない。それよりも、動かない者は左に寄るという決まりが、東京ではかくも忠実に守られている。私がうっかりしていたように、これが大阪の規則では右になる。しかし、大阪人はそんなにちゃんとは従ってはいない。右にも左にも立っている。

そこで、歩く人はその間を縫うようにして歩いて行く。その体のこなしは、大阪人は実に上手である。私の女子大生の「大阪学ウォッチング」によれば、東京へ行って込んだ街を大阪と同じように歩いていると、人とぶつかって仕方がないという。彼女の結論は、東京の人は人を避けるのが下手だということになる。大阪は乱雑に慣れているのである。

なぜに動かない人は大阪は右に寄り、東京は左と正反対なのか。これも不思議な話である。人が勝手にそうしているのではなしに、それぞれのJRも私鉄もそう指導している。東京のテレビ局が興味を抱き、この疑問を追いかけた。ところが、電鉄側に根拠があるわけではなく、乗客がそうしているからだという。困って、私のところへやって来た。だが、私にも正しい回答はない。欧米など国際的には、ほぼ大阪流の右寄りになっているようである。

ある調査によれば、大阪では三五・〇%の人がエスカレーターを歩く。日本一多い。二位が東京で、二五・二%である。この一〇%の差は大きい。いらいらする人があるかも知れないが、エスカレーターの速度は決まっている。一分間に三〇メートルである。近鉄難波《なんば》駅で、朝のラッシュ時に上り二基のうち一基を急行にした。その急行の方に列ができる。しかも、全員が歩いている。上に上がった時点で、急行と普通は一・五メートルしか違わない。

近ごろ気がついたことなので、正確な調べはできないが、上りと下りとに、歩く人の差があるように思う。どうも下りの方が多いようである。いかに大阪人がせっかちであっても、上る方がしんどいのだろう。動く歩道と称するのは平面である。大阪ではほぼ全部が歩いて行く。

エスカレーターひとつにしても、世間と人間のいろんなことを教えてくれるし、まだ分からないことも多い。

勝者のポーズ

不思議なことを発見した。私はＮＨＫ教育テレビとケーブルテレビの囲碁・将棋チャンネルで将棋を楽しんでいる。将棋の対局は新聞や週刊誌に載っているが、動きを刻々伝えるのだからテレビ向きである。同時に、テレビは勝ち負け以外のことも見せる。

勝敗が決まる瞬間がある。このときの勝者の態度が、実に奇妙なのである。うれしいに違いない。ところが、それを表さない。懸命に喜びを抑えているのが、表情でよく分かる。そして、「おかしいな」というように首をかしげる。一人残らず、かしげる。羽《は》生《ぶ》四冠や谷川名人でも、四段に成り立ての若手でも、例外はない。

勝っておかしいはずがない。これは、奇妙である。負けた方が素直な表情で、かえって笑みを見せたりしている。だから、見はじめたときは、どちらが勝ったのか分からなかった。

こんな定めがあるはずがないから、慣習としか考えられない。いや、棋士のたしなみではないか。自分はうれしい。しかし、相手である敗者の心情は穏やかではない。それを思い量り、その前では、はしゃがない。それが勝者の礼節である。

　そういえば、大相撲では勝者は絶対に表情を表に出さない。これは、しつけであろう。柔道も剣道も同様である。それらはすべて、日本で生まれた文化の持つ伝統になっている。

　ところが、甲子園の高校野球を見ていて、気づいた。ホームランやタイムリー・ヒットを放った選手が、派手なガッツ・ポーズをしながら走っている。「どうだ」と言わんばかりに、である。これはことしから始まったわけではないが、だんだんと多くなって来た。地域によって違いがあるかと注意していたが、ほとんどその差は感じられなかった。

　プロ野球はそんなにやらないようだが、サッカーはむしろ派手なアクションをしたり走ったりして喜びを素直に表現している。スポーツではないが、入試の合格発表の掲示を前にした合格者の友人たちの騒ぎは近ごろ傍若無人になって来た。敗者はどんな気持ちだろう。

　どうやら、いまの日本には、二つの勝者の姿がある。喜びを抑えるのは農耕民族の、派手なポーズは狩猟民族のものだという説がある。日本は農耕民族だから、本来は前者のはずである。周りの仲間の気持ちを大事にした。しかし、国際化時代で外来文化、とくに欧米文化が入っている。また、大戦まで日本人は国家や社会のために自らの本能や感情を抑えるように強いられた。それに対する反動がある。とかく日本人は振り子が両極に振れ過ぎる。自分を抑えないでありのままに出すのがいいことだとされている。

二つの表現に白黒はつけられない。しかし、無職の若者の犯罪が続出している。みな一つの職業に辛抱できず、本能から来る衝動を抑えることができない者たちである。危険な兆候でもある。

博物館都市

大阪市が二〇〇八年オリンピックの国内候補地になった。もしオリンピックが実現すれば、二百万人が大阪を訪れると試算されている。ことし一九九七年（平成九年）三月にやった関西産業活性化センターの「関西観光立国の調査」で、外国人は関西の何に関心を持つかを調べた。その結果から、とくに大阪人には意外なことが分かった。

いま関西に住む外国人から複数回答を得た。これまでに、どんなところを訪ねたか。

一位が旧跡・社寺で一〇〇・〇％、二位が美術館・博物館で八一・八％、三位が飲食店・グルメで七七・三％、四位がショッピングで六八・二％と続く。そういえば、旅行者がロンドンを訪ねると大英博物館へ行き、その巨大さに圧倒される。これから関西を訪れたいという外国人の調べでも、美術館・博物館に行きたいが第三位を占めている。日本人好みのテーマ・パークなんかには大して関心を示していない。

ほかの項目はよく分かる。しかし、美術館・博物館については驚くに違いない。それくらい、大阪は長い間こういうものに興味がなかった。とくにお上は冷たかった。つくろうとしたら、そんな金を食うばかりで、そんなに人の入らないものに税金を注ぎ込むのには、議会が反対した。美術館も博物館も金もうけにはならない。採算が取れないものは、大阪では悪である。海遊館は当初大入りだったから、成功だったのである。

そこで、財界などから寄付を受けてお上が腰を上げるのが、以前は普通であった。大阪市立博物館は、市民の募金で建てた陸軍第四師団司令部の建物を長く使っていた。大阪市立美術館は阿部《あべ》孝次郎《こうじろう》、東洋陶磁美術館は住友グループ、中之島図書館は住友吉左《きちざ》衛門《えもん》、中央公会堂は岩本栄之助の寄付でできた。橋も道もお上に頼らずに、町人たちの手でつくったという近世の伝統がどこかに残っている。

旧・大阪市立博物館

大阪市立美術館

東洋陶磁美術館

中之島図書館

中央公会堂

海遊館

大阪は古い歴史を持っている。しかし、京都や奈良のように旧跡をあまり残していない。お客に案内するのに、大阪城と住吉大社だけでは困ってしまう。いい博物館はあるけれども、そこへ行けば大阪のすべてが分かるという巨大な博物館がない。まず外国の人を連れて行けば喜ばれるという博物館がない。これは東京両国の江戸東京博物館には、残念ながら負ける。

しかし、ようやく「なにわ大阪博物館」の実現への胎動が始まった。大阪21世紀協会が構想した二十一世紀の大阪のテーマを「文化立都」とし、博物館都市、劇場都市、競技場都市の三つの理念を掲げた。競技場都市はオリンピックにつながる。博物館都市としては「なにわ大阪博物館」を建てる。建物が実現する前に大阪の歴史を新たに発掘し、情報資料を蓄積するために、「なにわ文化研究会」が昨一九九六年（平成八年）十月に発足している。梅棹忠夫《うめさおただお》国立民族学博物館顧問を座長に八人の学者が参加し、すでに発表が行われている。

関西学

何んで、関西〈かんさい〉というのやろ。知ってますか。

この関というのは、関所のことである。関所の西方にあるから、関西となる。それなら、関所はどこにあったのか。古代に、大宝令《たいほうりょう》で三つの関が置かれた。伊勢の鈴鹿《すずか》と美濃《みの》の不破《ふわ》と越前の愛発《あらち》で、天下の三関と呼ばれた。みな東国への警戒と防衛のためである。鈴鹿は三重県鈴鹿市、不破は岐阜県関ケ原町、愛発は福井県敦賀《つるが》市にある。関ケ原は関所の原を意味する。愛発はのちに近江《おうみ》の勢多になり、さらに逢坂《おうさか》に代わった。勢多は滋賀県大津市瀬田、逢坂は大津市逢坂。三関とも古代の末には有名無実になった。

おおよそこれら関所の西だから、関西である。だから、中国や四国や九州までを関西に入れても間違いではない。近世では箱根の関がよく知られたので、それから西を関西とされることもあった。箱根は神奈川県箱根町で、その東が関東である。いろんな範囲があって、どれが正解と決められない。しかし、現在、関東に対して関西とは京阪神＋奈良とするのがいちばん多いようである。

関西学院大学は〈かんせい〉と読む。岡山の野球の強い関西高校は〈かんぜい〉と濁る。本当は〈くわんさい〉が正しいともいう。西という字を〈せい〉と発音するのは漢音で、〈さい〉は呉音になる。漢音は唐の長安で話されていた標準的な発音で、正音として役人や学者が使った。呉音は中国の南方系の発音で、和音と呼んで仏教でよく用いた。関は〈くわん〉が正確な漢音である。これを〈かん〉と発音するのが普通になった。呉音は〈けん〉という。

関西に対応する言葉に、近畿《きんき》がある。どう違うのかとよく聞かれる。畿は王城付近のこと。畿内は山城《やましろ》、摂津、河内《かわち》、和泉《いずみ》、大和《やまと》の五カ国を指す。京都府南部、大阪府に阪神間と神戸まで、奈良県である。近畿という言葉は畿内の近くの意味である。現在では京都、大阪、兵庫、奈良、滋賀、和歌山、三重の七府県を含む。だから、近畿地方は普通の関西よりは範囲が広い。英語のＫｉｎｋｙはあまりいい言葉ではないので、国際化時代でやや敬遠され始めた。

三重県がややこしい。中部地方には入らないが、中部を分けて東海という場合は入る。県内でも伊勢は東海だが、伊賀の人びとは関西だと思っている。これを知らない先生がいて、子どもの答案に間違って採点するから注意を要する。

上方《かみがた》は古い情趣のある言葉である。お上と言うが、〈かみ〉は、畿に似て皇居のある所を指す。京都周辺をいう。江戸時代、江戸の人からは上方とは京大坂を含む五畿内のことだった。上方から江戸へ送られる物産は上物と見られ、これを下り物と呼んだ。上方から下って来たのでない関東の物産は安物とされた。そこから、〈下らない〉とか

〈下らぬやつ〉という言葉が生まれ、いまも生きている。

コンビニ風俗

ことし一九九七年（平成九年）の六月に総理府がやった世論調査によると、二十代の男性でほとんど毎日コンビニを利用するのが三二％もいることが分かった。

いま、コンビニがスーパーをしのぐ急成長をしている。食品や日用雑貨の小型セルフ・サービス店である。どこへでも、いくらでも出店でき、細胞が増殖するようにふえ、至るところにできている。酒屋などの小売店が次々にコンビニに化ける。とくに年中無休、二十四時間の深夜営業が特長である。便利である。これが小売業の形だけでなく、人びとの風俗を変えて行くだろう。

一番大きい影響は深夜営業である。寝静まって真っ暗な街に、ここだけがこうこうと明るい。主に若者が寄り集まる。深夜族の拠点になる。近所から、やかましいとかゴミのことで苦情が寄せられたりする。カップ・ラーメンや弁当を地べたに座り込んで食べる。コンビニにはポットがあって、湯がある。そのあとのゴミを目の前にあるゴミ箱に入れずに、そこらへ散らかす。

　これを逆手に取って、子どもの駆け込み所にしようという話が出ている。子どもや女性が強盗やひったくりやストーカーに襲われたときにコンビニに駆け込もうというのである。被害にあったあとでも、少しでも早く警察へ通報ができる。なるほど、ドアに常にカギもかかっていないのはコンビニだけである。妙案だ。

　しかし、もっといろいろな利用法を、とくに大阪人が実行している。トイレ借用というのがある。終わると、何も買わずにすうっと出て行く。老若男女《ろうにゃくなんにょ》を問わない。新聞や雑誌の立ち読みも自由である。賃貸住宅やアルバイトの情報誌はいちいち買わない。以前はこっそりと電話番号をメモしていたが、近ごろは堂々とコンビニの店内から情報誌を片手に携帯電話で照会の電話をしている。

　競馬新聞は立ち読みもあるが、さすがに大半は買うことになる。これは中年のおじさんが多い。彼らには型がある。ドアを開けっ放しにして入って来る。なぜかカゴは持たない。品物を一つカウンターに置いては、また別のを取りに行く。競馬の新聞を手にしてカウンターへ来る。何人か並んでいると、待てない。「置いとくでー」と銭をおいて、さっさと出て行く。これは梅田に近いコンビニでの観察だが、せっかちの大阪人に多いのかも知れない。

普通はレシートをもらうのだが、男性はおおむねすぐに破り捨てる。ちゃんと読んでいるのは女性である。年が高いほどよく読む。ペットボトル五〇〇ミリ・リットル入りの清涼飲料水で一三六円というのが多い。四円のつり銭を、ほとんどの男は持って行かない。

紙パックのジュースなどは古いのから前に並べてあるが、若者は手を伸ばして奥のから取る。すぐ飲むのだから同じなのだが、きっとそうする。中年のおじさんはやらない。これはスーパーで主婦がやる風景だが、コンビニで若者もやっている。

ベビー・カーという怪物

スーパーなどの買い物カートから乳幼児が転落してけがをする事故が増えていて、国民生活センターが警告した。だが、これはカートの安全基準の問題だけではないだろう。

そういえば、ベビー・カーが街にはんらんしている。

A百貨店の狭いエレベーターの中に、ベビー・カーが三台も入って来た。エレベーター・ガールが、しきりに「お詰め願います」と言っている。そこのけ、そこのけ、ベビー・カーが通るという具合である。みな、壁にぴたりとくっついたり、体を曲げたりしている。外には人があふれて乗れないでいる。どんな赤ちゃんかと見たら、もうかなり大きい子たちである。二つか三つばかりか。これが車イスであったら、もっとやさしい気持ちになったに違いない。

B私鉄の車内である。ベビー・カーが通路をふさいでいる。母親が座席に座ってカーを片手で持っている。人が通りにくい。これも赤ちゃんではない。三つぐらいか。電車が急停車でもしたら、カーは走り出すおそれがある。大変なことになる。こちらが心配になった。母親は太平楽で、連れとおしゃべりを楽しんでいる。

C私鉄の駅のエスカレーターである。ベビー・カーが乗って上がって行く。すると、カーの車輪がエスカレーターのみぞにはまってしまった。エスカレーターは停止してしまう。みな、うらめしそうな顔をして、隣の階段を上がる。

日本のベビー・カーは、戦後に急激に増えた。ベビー・カーは日本製英語である。腰かけ式乳母《うば》車のことを指す。かご型のを乳母車という。英語のベビー・カーは、小型か豆自動車のことである。日本の乳母車のことは、ベビー・キャリッジという。ベビーは赤ん坊のことで、生まれて間もない子どもか、まだ歩けない小さな子どもを意味する。

だから、すでに歩いている幼児はベビー・カーに乗る資格がないことになる。ベビー・カーは電車の車内では畳んだりするように指導されている。乗るときは畳まなければならない。危険だからである。自身もだが、車内で走り出したら、他の乗客にも危害を与えるかも知れない。

ベビー・カーのはんらんという一つの風俗に、現代が語られている。子どもの過保護である。歩ける子どもは歩かせる。体の成長のためでもある。肥満児になるのを防ぎ、体を鍛えるのも歩かせることから始まる。また、幼児が外を歩くのも、社会体験の第一歩になる。

ベビー・カーに乗せておけば手がかからない。母親は楽である。なんでも手抜きをすることがいいことだ、という。それは悪い思想ではない。これが文明を高める。しかし、教育やしつけにそれを利用するのは間違っている。手はかかるが、幼児を歩かせて、人に迷惑をかけない、危ないことを避けるのを学ばせることである。

ベビー・カーも買い物カートも、これらをすべて放棄している。

阪神ファン総決算

一九九七年（平成九年）正月のあるスポーツ新聞で、私は阪神タイガースの吉田義男《よしだよしお》監督と新春対談をした。吉田さんが「ことしの阪神は何位になると思わはりまっか」と問う。私は内心で弱った。この陣容ではまた最下位やろ。よくても、せいぜい五位と思っていた。それでは吉田さんに失礼になる。そこで無理して「四位やないですか」と答えた。

この陣容というのは、こうである。全プロ野球チームで一億円選手は外国人をのぞいて四十五人になったが、阪神は和田豊選手たったひとりに過ぎない。しかも一億二千万円で二十九位である。それほどに、阪神には高額に値する選手がいないのである。

私の予言がほぼ当たった。阪神はようがんばった。一時はAクラスにもなった。結果は五位に終わったが、最後の試合に勝っていたら、私の予言通りに同率四位だったのである。負けたときも、最後まで相手に食らいついてファンを楽しませた。

一勝の差で上になったのが巨人で、三十三億円の補強をした球団である。阪神のその年の選手の年俸総額は、外国人抜きで十二球団の最下位である。トップの巨人の実に半

盛りあがる甲子園ライトスタンド

額に過ぎない。それがたった一勝の差でしかない。ようやった。

阪神といえば、甲子園球場の熱狂と興奮の光景が思い浮かぶ。あのフィーバーぶりは尋常ではない。最高潮に達すると、地鳴りのようにどよめく。あれは何んでやねん。

勝っても負けても観客数は変わらないから、安上がりのチームの方が得や、と球団が考えているという説がある。だが、これは正確ではない。最下位が二年続いた昨一九九六年（平成八年）は、観客が百七十八万人に落ち込んだ。二十一年ぶりに球団経営は赤字に転落した。最下位になるだけでなく、無気力な試合を見せられたら客は減る。ことしは二百二十六万人と回復している。客は実に正直なものである。ただ、他の球団に比べて戦績が悪くても、減り方が少ない。負けを楽しむ客が少なくないのである。

阪神ファンの特長は、第一に熱狂的である。二位が地元意識が強い。三位はアンチ東京である。この二位と三位はつながる。大阪人に最も地元意識が高揚するとき、その意識の底に必ず東京がある。甲子園で巨人との試合に一番多く客が入り、巨人に勝つと最も熱狂するのはそのためである。これに本音発散や目立ちたがりが続く。

味方の選手でも三振したりエラーすると、「やめてまえ」や「アホたれ」などと遠慮会釈《えしやく》なしにきつい野次を飛ばす。応援に名を借りて、本音を発散しているのである。

最初に道頓堀《どうとんぼり》へ飛び込んだ人は久しぶりの優勝への歓喜のあまりだった。だが、毎年これに続くのは、飛び込んだらテレビに映るという計算である。スタンドでは携帯電話を家にかけ、テレビがよく映す場所を確かめて移動し応援する。さすが大阪人である。

東と西の境界線

いつだったか。私は東京のホテルのフロントの前で待っていた。「オオヤ様」と呼んでいる。人ごとだと思っていた。何べんも繰り返している。はたと気づいた。これは自分のことではないか。やはりそうだった。「私はオオタニだよ」と、文句をつけた。これが東と西の文化が違う、と考え始めた最初であった。

谷という漢字を、東は〈ヤ〉とか〈ヤツ〉と読む。渋谷は〈シブヤ〉で、大谷石は〈オオヤイシ〉である。鎌倉の扇ケ谷は〈オウギガヤツ〉という。これに対し、西の京都の渋谷という地名は〈シブタニ〉である。大谷も〈オオタニ〉と読む。東京の四谷は〈ヨツヤ〉で、大阪の谷町は〈タニマチ〉である。明らかに違う。

人の名前はどうか。プロ野球解説者に谷沢健一氏がいる。千葉県の習志野《ならしの》の出身で、

〈ヤザワ〉と呼ぶ。雪の学者の中谷宇吉郎氏は〈ナカヤ〉と読む。石川県の片山津で生まれた。大阪の文芸評論家の谷沢永一氏は、当然ながら〈タニザワ〉である。

この東と西の違いに、境界線があるのか。まず、私はこのことを調べた。学問とはこういう風に始まるのではないか。地図を見て、その読みを調べた。谷の字がつく人に会うと、必ず祖先の出身地を確認した。現在地では勤務の都合で東西の移動が多いから危ない。

すると、その境界線が浮かび上がって来た。何んと、それは静岡県の浜名湖と新潟県の親不知《おやしらず》を結んで南北に走る大地溝帯（フォッサ・マグナ）にほぼ沿っているではないか。中谷宇吉郎氏はわずかに西にそれているが、ほぼ線上だろう。〈タニ〉と〈ヤ〉は文化の違いであり、ここにその境界があったのだ。

〈ヤツ〉はアイヌ語の〈ヤチ〉から来ている。谷地とか湿地を意味する。〈ヤ〉は〈ヤツ〉や〈ヤチ〉が略されたものではないか。そう呼んだのは日本列島にいた先住民族かも知れない。そこへ大陸から渡って来た民族が次第に西から住み始めた。その人たちは、谷のことを〈タニ〉と呼んだ。そこへ、〈コク〉と読む漢字が入って来た。東の人たちは〈ヤ〉とか〈ヤツ〉に、西は〈タニ〉に、それぞれこの谷の字を当てた。これが私の推論である。

そこへ、うどんのだし汁の東西の違いの問題が加わる。東が濃くて、西が薄いと歴然としている。関西は薄口しょうゆの昆布味、関東は濃口でカツオ味である。この境界線はどこなのか。その回答があった。日清食品はカップ麺《めん》「きつねどん兵衛」で、エースコックは「天ぷらきつね」などで、どちらも東西で味付けを変えている。それらの境界は、三重県の名張から岐阜県の関ケ原を通って、富山県を経て新潟県の糸魚川《いといがわ》にいたる線である。大地溝帯とそんなにずれていないではないか。

かくて、東と西の文化の違いがいかに古くから由来するもので、なぜ意外に根強いかが分かって来た。

コギャル語昨今

女子中高生に大人気の安室奈美恵《あむろなみえ》が、妊娠したあげく結婚した。大騒ぎになり、東京ではスポーツ紙が号外を出した。このニュースを知って、中高生たちの若者語のことを連想した。アムラーという言葉がある。安室奈美恵の真似《まね》をする女の子をこう呼ぶ。

ナオラーは飯島直子の真似をする子である。キムタコは木村拓哉《たくや》の真似をしても顔が似合わない男の子のことをいう。援助交際という新語もその一つである。こういう若者語がはんらんし、大人たちは顔をしかめる。若者語はいつの時代にもある。常に、言葉の乱れが憂《うれ》えられて来た。だが、言葉は歴史や文化や社会を映す鏡のようなもので、時代とともに次第に変化して行くのである。絶対に動かない正しい言葉は存在しない。このごろの若者語に、むかつく、腹立つ、滅入《めい》る、白けるを意味するのが多いのには要注意である。

新しい若者語の特徴は、まず第一に外来語、とくに英語系の言葉が多いことである。ホワイトキック＝白ける、ブルー入る＝気が滅入るなど。これは、古来から外来語を受け入れながら言葉をつくって来た日本の宿命である。江戸時代は漢語がおしゃれだった。

次は誇張である。東京はとくに言葉の前に「超」をやたらにつける。チョーMM＝超マジムカツク（ひどく本当に腹立つ）、チョーマオモ＝超まぶた重い（とても眠い）。ところが、大阪では「めっちゃ」やその変形の「むっちゃ」をつける。めっちゃ腹立つ、むっちゃおもろいなど。誇張の激しいマスコミ社会のせいである。

省略するのも目立つ。電食い＝電車の中で飲食する。ハゲル＝ハーゲンダッツで食べる。ナン＝軟派される。オケル＝カラオケに行くなど。字数に制限のあるポケベル（これも省略）の影響を大きく受ける。会話のしゃれっ気を楽しみながら仲間意識を確かめ合う。

隠語もよく使う。言葉を引っくり返したりして隠す。ドキムネ＝胸がどきどきする。耳やねん＝今、この電話のそばで親が聞き耳を立てている。グリコ状態＝お手上げ。シングルベル＝恋人なし。コムロする＝徹夜する（小室哲哉《てつや》の名から）など。これも仲間の連帯感を高める。これは若者に限らず、職場や業界にも必ずある。

若者語は中学生のころから使われ出す。とくに近ごろは女子が多い。コギャルの世界である。造語もうまい。これは、女のパワーが男をしのいでいる現状を物語っている。高校生にはいよいよ盛んになる。そのあと、社会に出た人はもちろん大学生になっても、若者語を使うのは下火になる。これは狭い仲間意識が、広い社会に入るかまたは近づいて薄らいで行くからである。

一つ一つの若者語の寿命は短い。また次の若者が成長して、次の言葉をつくる。一つの言葉が三年も五年も使われて定着するのは、そんなに多くない。だから、若者語が生き延びて辞書に載る例はごく少ない。アムラーという言葉も間もなく消えるに違いない。

東京製吉本新喜劇

「超！よしもと新喜劇」（木曜夜八時、毎日テレビ）がスタートした。これが話題になるのは、それを東京で制作する点である。

なぜ、東京なのか。そこに最近のテレビ事情がある。ここでも東京への一極集中が進んでいる。夜七時から十一時までのプライムタイムの一週二十八時間のうち、大阪の各テレビ局は合わせて五時間ほどを受け持つだけである。他地方のは臨時的なものだけだから、八割を超える番組の制作が東京に集中する。

そのためにタレントはみな東京に住む。だから、大阪で制作するためには、東京から呼ばねばならなくなった。交通費や宿泊費を負担し、コストが高くつく。スポンサー事情もある。大手スポンサーは東京へ本社機能、とくに宣伝本部を移す。タレントや作家や広告代理店が集まる東京の方が番組を作りやすい。効率の問題である。

しかも、大阪各局の制作のはずの番組が、実は東京のスタジオで作られている。読売テレビでは二つ、関西テレビは四つの番組を実は東京で制作している。しかも、各局が下請けに出しているプロダクションは、ほぼ東京にある。

この極め付きが、「超！よしもと新喜劇」である。吉本新喜劇ほど大阪臭いものはない。いつもは、ごたごたした大阪千日前で上演されている。それを東京は世田谷区の閑静な住宅街にあるスタジオで収録する。リーダーの内場《うちば》勝則《かつのり》と辻本茂雄《つじもとしげお》は、東京に移転した。ロンドンブーツの淳《あつし》くんは大阪弁がしゃべれない。東京でやるからといって東京風に変えようと考えてない、吉本新喜劇をそのまま直球で見せたいと、演出者は言っている。そうだろうか。

いままでに見た限りでは、やっぱり違う。大阪の吉本新喜劇ではない。どうもこしらえ事の笑いのように思える。迫力がない。タレントはうまくやろうと役をなぞっているだけである。大阪の笑いは自分のアホさをさらけ出して見せるところにある。東京の吉本新喜劇はそこまで行っていない。観客も違う。大阪の客は面白ければ思いきり笑うが、東京の客は行儀よく拍手する。白けてしまう。

奇をてらう大げさな仕掛けを幾つも出す。これがすでに東京風になっている。江戸の芝居の特徴は荒事《あらごと》にある。超人的な仕掛けと筋の運びを見せる。これに対して、上方《かみがた》芝居は和事《わごと》であり、人間的な写実であった。仕掛けに頼ろうとしているのは、やはり東京の影響である。

あの大阪が持つ人間臭さ、伝統のアドリブ、効率を超えた熱中と新工夫はやはり大阪の風土でなければ出て来ない。東京では保守的で規制の多いきれいごとの番組になってしまう。近ごろは大阪風の番組を東京で作ることが多いが、大阪のあのアクがきれいに水洗いされてなくなっていることが多い。この「超！よしもと新喜劇」もその例外ではない。

この番組は、このあと「超コメディ60！」と名を変えたが振るわず、一九九八年（平成十年）九月十七日限りで打ち切りとなった。この日の視聴率は、関東四・六％、関西一〇・二％と低調だった。

ジベタリアン診断

近ごろ、ジベタリアンが目立って来た。いままでになかったことである。街頭の地べたにべったりと座り込む人を、ジベタリアンと呼ぶ。またはジベタ系ともいう。なんだこいつら、あるいは、ここまで来たか、というふうに歩きながら振り返る大人もいる。東京や大阪などの大都会に多いが、東京と大阪のどちらが多いかの調べはまだ出ていない。

もちろん、若者が多い。男の子、女の子を問わない。大きな駅構内や商店街の片隅のファスト・フード店やコンビニの前が多い。道路に向かって歩道の端に並んだり、車座をつくっている。スナック菓子を食べたりしながら、おしゃべりを楽しんでいる。タバコをふかしていることもある。長い間、座っている。携帯電話をかけている者がいるから、金がないわけではないらしい。

いつか、こんな風景を見た記憶がある。ああそうだ、一九四五年（昭和二十年）の敗戦直後である。人びとは食料難で一様に腹をすかせていた。体力がなかった。立っているのが、しんどい。すぐに地べたに座り込んだ。これは若者に限らなかった。中年の男も座った。ただし、さすがに女はあまり見なかった。

初めて体験した日本の敗戦である。国民は虚脱状態に陥った。誇りもプライドもすべて捨てた。ぎりぎりに生きるためには、みっともないとか恥ずかしいと言っていられなかった。それまで地べたにべったりと座るのは、こじき、物もらいのやることであった。普通の人はしない、はしたない所業だった。

しかし、経済が復興するとともに、ジベタリアンは姿を消す。人は余裕ができれば、恥ずかしいことはやらなくなる。「衣食足りて礼節を知る」である。それが、このごろまた出現した。

こんどは事情が違う。食べ物は豊富なのに、とくに若者の体力が弱くなった。学校でも少し長く立ち続けると、ばたばたと倒れる。こんどは鍛錬の不足が原因である。だから、ところきらわず座りたい。すると、電車内で若者が年寄りや体の不自由な人のための優先座席をわがもの顔に占領しているのも、このためかも知れない。

地べたにべったり座るのが恥ずかしいという感情が、とくに若者にはなくなっているのではないか。敗戦直後は恥ずかしいけれども仕方がなかった。こんどは、もともとそんな思いがない。そこが大きな違いである。歩きながら、あるいは電車の車内で平気で物を食べるのも同じ事情である。これは、以前は大阪の中年のおばさんしかやらなかったことである。

こういう場合には、喫茶店に入って飲食したり、だべったりするのが常識である。しかし、若者はそのための金を持っていないわけではない。ほかに有効に使うために節約しているのである。携帯電話やら、プリバムやら。彼らは合理主義なのである。

大阪とスポーツとの相関

浪速《なにわ》のジョーこと辰吉丈一郎《たつよしじょういちろう》（大阪帝拳）が、三年ぶりにチャンピオンに返り咲いた。一九九七年（平成九年）十一月二十二日に世界ボクシング評議会（ＷＢＣ）バンタム級タイトルマッチで、シリモンコン（タイ）に七回ＴＫＯで勝ったのである。大阪城ホールの観衆一万人はわきにわいた。大阪からボクシングのスターが多く出た。ボクシングは個人プレーのスポーツである。

同十六日にサッカーＷ杯フランス大会アジア地区第三代表決定戦で、日本がイランに勝った。悲願のＷ杯出場を獲得した。日本中のテレビサイドはわいた。いや、ちょっと待て。この時のテレビ視聴率は、関東地区では四七・九％とサッカー中継の視聴率ではドーハの悲劇の日と〇・二％の差で二位だった。ところが、関西地区の視聴率は三八・四と関東よりも九・五％も低い。サッカーへの熱がやや冷めていることが分かる。サッカーはチーム・プレーの競技である。

関西のＪリーグに、四チームがいる。みな、どうもあまり強くない。サポーターも多くない。最終節のガンバ大阪のゲームでも、万博競技場のサポーターはたった六千八百人だった。ところで、今節のガンバは珍しく二位に食い込んで驚かせた。しかし、助《すけ》っ人《と》エムボマの個人技に頼ったものだと言える。エムボマはことしの得点王になった。彼が欠場すると、ころりと負けた。

プロ野球も大阪はどうもさえない。オリックスは二位に落ち、阪神は五位だったし、近鉄はやっとAクラスになった程度である。

これらの関西のチームは、東京のチームとどう違うのか。巨人やヤクルトや西武は組織と管理によって成り立っている。だから、強い。村山実投手が貧打の味方を一身に背負って、巨人の打線に立ち向かった。鉄砲の隊列を一糸乱れず構えた敵に対し、ばらばらの野武士がヤリをかざして突撃するのが阪神のイメージだった。あまり勝つ見込みはない。個人技で組織の巨人に水を開けられて行く。一九九四年（平成六年）六月半ばに、近鉄は首位に十六ゲームも離されて最下位だった。それが八月に首位になった。なぜ急に強くなったか。うるさい鈴木啓示監督が手綱を緩め、選手が自由勝手に生き生きとやり出したためだという。ところが、鈴木続投が決まるとまた負け出した。オリックスが強いのは、仰木彬《おおぎあきら》監督が自由にして選手の個性を引き出しているからではないか。どうやら、大阪はチーム・プレーに不得手で、個人技にすぐれている。これがスポーツに反映されているのである。

なぜ、こうなったのか。近世の江戸（東京）は武士の町であり、大坂は町人、つまり商人の町だった。近代になって、東京に大企業が集中し、大阪は相変わらず中小企業の町である。武士は秩序と建前を守ることで生きられ、大企業は組織と管理で成り立つ。これに対し、商人は個人の才覚と根性で競争しなければならない。この歴史と伝統から、浪速のジョーこと辰吉丈一郎が生まれたのである。

欠礼状の季節

いよいよ、年賀状のシーズンが到来した。郵政省の調べで、大阪府では一人あたり三二・一通の年賀状を出し、東京都では三九・一通だという。東京の方が年賀状がお好きということになる。

私は個人が出す年賀状を虚礼だとは思わない。日ごろはなかなか会わない知己に、年に一度のあいさつを交わすのには意味がある。あなたを忘れてはいませんよ、ということである。

さて、年賀状の前触れの欠礼状がわが家にも舞い込み始めた。毎年、三十通にはなる。

この欠礼状とは何なのか。そのことをご存じなしに出している方が存外に多いようである。何んでやねん。

年賀状を出すという礼儀を欠くことへのおわびである。なぜ、出せないのか。それは出す方が汚《けが》れているから、めでたいあなたの正月を汚すことになるためである。なぜ、汚れているのか。それは家族に死者があって喪中だからである。自分は喪中だから、あなたからも出さないでほしいという通知でもある。

何んで人は汚れるのか。原因が三つある。死者、はやり病、それに血である。血は女性の月経や出産なども指す。この汚れ、または不浄というのは、日本の土俗信仰から来ている。そういえば、夫が妻の出産をのぞくのを禁忌とした日本神話があった。

喪とは、死を悼《いた》み、その汚れを忌《い》んで身を慎むことである。この間、家にこもり人との交際を避ける。ずっと喪服を着て、肉食をやめて菜食にする。もっと厳しくすれば、人と食事を共にせず、タバコの火さえ別々にしなければならない。

私たちはそんなことを何一つしていない。するつもりもない。ひどいことに、私も喪中のときに結婚式に出て祝いのスピーチまでしている。向こうもそのことを知っていて私を招待した。

何一つ喪に服していないのに、年賀状だけが喪中になるのはおかしい。みな何んの疑問も抱かずに世間の習慣に従っている。

私は両親を亡《な》くした年も、いつもの通りに年賀状を出した。親の死が汚れているなどとは絶対に思わない。死は尊厳ではないのか。深い教えを持つ仏教やキリスト教では、死者は仏になったり天国へ昇るのではないのか。

欠礼状の持つ意味は、もっと重大である。日本の社会にある忌むべき病根が、この汚れの思想の中に潜んでいる。死者は老病への嫌忌に、はやり病はエイズなどの患者への忌避に、血は女性差別をはじめもろもろの差別につながっている。喪に服した顔をして欠礼状を出すのは、この恐るべき習俗に従うことになる。

ただ一つだけ欠礼状に効能があるとすれば、その家に死者が出たことを初めて知ることである。あわてることがある。ところが、家族のだれが亡くなったのかが分からない文面があって、どうあいさつすればいいのか、と困ってしまう。

マックとマクド

いま、軽食がとくに若者に大はやりである。大阪名物のきつねうどんやお好み焼きの地位が危ない。この軽食を大阪と東京の若者がどう略して呼んでいるか。

マクドナルドは東京ではマックと呼ぶ。マクドナルドの原語は、ＭａｃＤｏｎａｌｄである。だから、省略するならマックが正しい。ミスタードーナツは、東京ではミスターと呼ぶ。モスバーガーはモスである。これは、すべて原文化を尊重してその通りに受け入れている。正当である。

これに対して、大阪は違う。まず日本語のカタカナに直し、その最初の三字を略称とする。たとえば、マクドナルドは、マクドである。何んかもっさりして、東京の若者はこれを野暮でダサイと笑っている。東京は歯切れがよくて、知的で、おしゃれで、通っぽい。しかし、考えようでは植民地的とも言える。

だが、これはもっと深い問題を含んでいるのである。違いは明白である。東京は元の文化を大事にする。明治以来、レベルの高い欧米文化を受け入れることによって日本文化が高められた。だから、元の文化の方が高度だった。そこで、東京の人はこれを真似《まね》る。

ところが、大阪や京都を含む関西の人びとには、自分たちの日本の固有の文化にしぶとい自信を持っている。それが東西の違いになっている。いい例がある。

オペラは明治後半に日本に入って来た。これが広く市民に広がったのは、大正になってからである。東京では帝劇オペラと浅草オペラになった。やや通俗化したが、本場のオペラを真似たバタ臭さがあった。

大阪はまずオペラという外来語を日本語に直した。それが歌劇である。一九一四年（大正三年）四月にいまの宝塚歌劇が誕生した。その第一回公演の演題が「ドンブラコ」だった。桃太郎のお話である。阪急の小林一三《いちぞう》は、日本でやり始めたオペラが西欧の直訳で、いたずらに高踏すぎると見た。そこで、時代の先端を行く歌劇と、日本人に深いなじみのおとぎ話を組み合わせた。小林はこれはオペラではないと言い切り、むしろ歌《か》舞《ぶ》伎《き》を洋楽化しようとしていた。職場と住宅が分離し、中流サラリーマンが発生して郊外に住みはじめた。余暇と消費が生まれ、娯楽が生まれる。人びとの西欧へのあこがれと、大衆化の時代を読み取った商法であった。

この宝塚歌劇は「健全で安くて面白い」のモットーをかかげ、昭和になってレビューを取り入れて発展を続ける。本格的オペラなどにはこだわらない。宝塚歌劇は永遠と称する。一方、東京の帝劇オペラや浅草オペラは滅びてしまった。

宝塚歌劇は大阪的精神の上に立っている。夢とロマンを売りながら、歌劇団の経営はあくまでも合理的、現実的である。

日本人の変身

先日、一九九七年（平成九年）十一月十三日、古武弥正《こたけやしょう》先生が亡《な》くなられた。私が、学問とは何かを教えていただいた恩師だった。日本で心理学を科学に導いた学者の一人である。西宮市の甲東教会の葬儀の最中に、私はある一つのことを思い出した。

一九四五年（昭和二十年）の九月であった。八月十五日に日本は太平洋戦争に負けた。その月の末から、アメリカ占領軍が続々と日本に乗り込んで来た。日本のアメリカナイズが始まった。私は関西《かんせい》学院大学の学生で、心理学を学んでいた。

先生の研究室で雑談していた。先生は先にアメリカに留学されていた。「いよいよ世の中は変わるぞ。見ててみい。いまは米を買うて家で炊《た》いてるけど、ご飯にしたのを店で売るようになるぞ」と言われる。まさか、と私は思った。ご飯を家で炊くのは、日本の家庭生活の基本で、すしやおにぎりは別として、ただ炊いたご飯を買って持ち帰るなどとは思いもよらない。やはり抵抗があったらしく実現は少し遅れたが、ほっかほっか亭で先生の予言が当たった。

「車を運転していて、ほかの車と接触したりして事故を起こすだろう。日本人はまず相手に済みませんと言う。ところが、こんなことをしたら、あとでえらい目に遭うぞ。自分から謝ったやないか、それは自分に過失があるのを認めたことやと主張され、賠償金を払わんならんことになるぞ」と、先生は続けられる。そのときの日本人にとっては、あっけにとられる話だった。

「そんなときは、車から飛び出していきなり相手に、ばかやろうなどとどなることや。どっちが悪かったなどと考えていたら負けになる」と、先生はその話を終えられた。先生はそれを称賛されたのではなかった。しかし、それが先生が見たアメリカであり、文明先進社会なのだろうか、と私は合点した。

　この先生の予言は、たちまち当たった。恥じらいを知り、名を惜しみ、謙虚を美徳とし、自己反省を大事にするなどの日本人の中に残存していたものが、敗戦とともに「封建的」の一語によって吹き飛ばされてしまった。戦後は、日本の民主化は大いに進んだ。同時に、いいものを洗い流してしまった。それを嘆く声は、国家主義者だけのしか聞こえて来ない。しかも、これも日本はいい、悪いのは相手だと言い張る。

　いま日本の社会はそういう風潮の中にある。自分が悪いことをしたという意識さえなくなった。それを責められると、責めたのがけしからん、名誉毀損《きそん》だ、といきり立つ。電車内で何か注意を受けたら、顔をつぶしたとわめき暴力を振るうのと同じである。

見え透いていても、うそをつく。ばれても平気である。それらのニュースは、いま毎日のように新聞やテレビをにぎわせている。

自己主張の強い大阪人が陥りやすい風潮でもある。要注意。

大晦日《おおみそか》は一日千金

大晦日《おおみそか》定めなき世のさだめ哉《かな》

この句は、井原西鶴が詠《よ》んだ俳諧《はいかい》である。西鶴は大坂が産んだ偉大な文学者である。この世は金と女だ、と彼は見破った。さて、この句である。世の中は定めないはずなのに、人は大晦日という定めをつくり、みな銭金に振り回される。近世の上方《かみがた》で、掛け売買の清算をする五節季（三月、五月、盆前、九月、年末）の最後になる大晦日を、大節季と呼んだ。ここで、借りを払わなければ年が越せない。さまざまな悲喜劇がくり広げられる。

のちに彼は、これを浮世草子に書く。小説のことである。『世間胸算用』と題して、「大晦日は一日千金」と副題をつけた。一日に千両の金が動き、その日はまた千両にも替えられない大事な日である。借金のために女房を乳母奉公に出して自分の乳飲み子のもらい乳をして歩く男、狂言の切腹を演じ掛け取りを追い払おうとして見破られる男など二十話が軽妙に語られる。傑作である。

ことし一九九七年（平成九年）も、その大晦日がやって来る。このごろはのん気なものである。テレビの前でみかんを食べながら、「紅白歌合戦」を見る。おせち料理はデパートで買ってある。いや、ことしは不景気の風が吹き始め、銀行の貸し渋りで四苦八苦した中小企業の社長さんもいるかも知れない。でも、大晦日はもう銀行はお休みである。

近ごろの大阪で、清算は節季から五《ご》・十日《とび》になった。五と十のつく日に集金をする。これがいまの世の定めである。日が狭まったのは、それだけこの世はせち辛くなったせいなのか。大晦日の大阪の街は閑散としているが、五・十日は車でごった返す。あれは何んとかならないものかと、みな嘆息している。しかし、この定めはなくなりそうにもない。これを銀行振り込みにすれば、集金に回ったり、集金に来られたりする手間がはぶけるのではないか。多額の現金を持ち運びして事故に遭い、悲喜劇がおこるという危険もなくなるではないか。

この一見してだれもが納得できる案が通らないのが、この世の中である。人はだれでも金を出したくない。これは西鶴の生きた元禄《げんろく》の代もいまも変わらない。自分から銀行へ出向いて手続きするアホがいるか。これが大阪商人の根性である。交通渋滞の中を無理してわざわざやって来るから、金を渡すのである。もし掛け取りが何かの都合で来られなかったら、次の五・十日まで五日間の利子がもうかる。えらい得した、ということになる。

あるいはまた、もっと奥深い人間の業《ごう》があるのか。実際に金を受け渡しすることに、どこか執着しているのか。そこで初めて自分が商売をしているという実感を得られるのかも知れない。そこに生きているという思いがある。だからこそ、人間はわざと定めをこしらえた。西鶴の句は、もっともっと深いもののようである。

その後、『扇子商法』の和田亮介《りようすけ》氏に聞くと、わざわざ集金に行くのはその店の具合を自分の目で見るためだそうである。よくなさそうだと、すぐに取引を引き締める。これが大阪の商法なのである。

年賀状との付き合い方

ことし一九九八年（平成十年）の年賀状も、やっと一段落した。それぞれほぼ八百通をもらい、こちらも出すのだから大変である。これに疲れて、年賀状を廃止した先輩がいた。ことし限りでやめます、と宣言した。が、先方はやめてくれない。もらわなくても出しますという。しかし、こちらは心やさしいから、もらったら返事代わりに出さないと気になる。そうして出していたら、以前とあまり変わらない。先輩は悲鳴を上げ、また復活した。先輩とは、足立巻一《あだちけんいち》さんである。

私は年賀状を虚礼だとは思わない。日ごろご無沙汰《ぶさた》している。年に一度ぐらいは、「お元気ですか」とあいさつするのはいいことだ。長上や同輩にはこちらから出し、教え子にもらったら返事を書く。悪いことではない。

だが、返事だけでも正月が台なしになる。そこで、こちらから出す分は年末に出す。私はいつも受け付けの初日に、五百通あまりを郵便局に持ち込む。こんどは十二月十五日だった。考えて見ると、元日まで半月もある。だから、いろいろと悲喜劇が起こる。こんども、十八日に亡《な》くなった人に年賀状を出してしまった。これはまずい。ある年に先輩作家から「元気にしています」という年賀状をもらい、ぎょっとした。年末に亡くなられていた。あの世から来たのではないかと不気味な思いがした。早く差し出したあとも、欠礼状が何通も舞い込む。欠礼状は十五日先着までを有効にしてほしい。

一九九八年の私の年賀状の文言は「百歩尚《なお》百歩　与謝蕪村」である。蕪村自筆の扇面の五言古詩の中にある。前の人を追い百歩行ったと思ったが、まだ百歩も隔たっている。そんな意味である。俳諧《はいかい》にいくら精進しても芭蕉に追いつけないとの嘆きにも取れる。

「明けましておめでとう」とか「謹賀新年」はやめにした。それは分かっている。また、別にめでたくはないし、人と同じ文言は気にいらない。実は、両親をなくした次の年賀状は例年通りに出したが、いくら何んでも「めでたい」という意味の言葉を避けたのが始まりである。それよりも、言外に私のいまの心情を伝えたい。あれから六年になる。世阿弥《ぜあみ》の「老後初心」なども使った。毎年、何が出て来るのかと楽しみだと言って下さる方もいる。私の名前と住所のあとに、小さな活字で三行六十字ほどの近況をつける。

正月に入ってからでも、出すのが三百通を超える。元日から、朝から晩までかかり切りになる。相手の年賀状をゆっくりと味わうひまもない。これはかなわないと、一昨年からは年内配達を頼んでいる。十二月二十八日から三十日にもらう。これは依頼葉書に判をおして近くの配達局に出しておく。専用の葉書もある。

もらうのが八百通を超えると、お年玉の当選番号を調べるのも大変である。その術《すべ》を紹介するには、もう字数が足りない。ただし、三等のふるさと小包以上の賞品をもらったことは一度もない。

世紀末が来た

一九九八年（平成十年）がやって来た。あと九三年で二十世紀が終わる。いよいよ、どん詰まりの世紀末である。

不景気で、大企業が次々に倒れる。大きな事故や災害が続出している。凶悪な犯罪が跡を絶たない。これは正しく世紀末である。だれもが、漠然とそんな思いになっている。

そこで、世紀末て、一体何んやねん、となる。十九世紀の世紀末思潮とは、フランスを中心とするヨーロッパで盛んになった終末思想である。その退廃や懐疑や冷笑などの病的な傾向は、ヨーロッパ文明が没落するかも知れないという不安から来ている。

ところで、いまの日本人のうち百歳以下の人はみな、生まれて初めて世紀末を体験する。百歳を超えた人も、前のときはまだ幼かった。いや、世紀末思潮は、日本にはまだ存在していなかった。

一九〇〇年は明治三十三年だから、その少し前の年代がこの前の世紀末に当たる。実はその思潮が日本に入って来たのは、すでに二十世紀になっていた大正時代だった。たまたま経済不況や関東大震災が起こって、ぼんやりした不安が生じた。

日本には、仏教の末世思想がある。末世には仏の教えが廃《すた》れて、道義が乱れ人情が薄くなるという。だが、末法の世になったのは、平安時代の一〇五二年（永承七年）で、それから一万年も続く。いまもその末世の最中だが、年代が広すぎて漠然としている。阪神淡路大震災が世の退廃への仏の罰という人はいないだろう。

仏教だけでない。どの宗教も多かれ少なかれこの世の滅亡を予言し、その不安を救ってやろうという。人はそんな恐怖が来ないかと心配する。オウム真理教のハルマゲドンは、これにつけ込んだ。

歴史を見てみると、いつの時代も、それぞれの「今」が前の世に比べて退廃し悪くなっていると思っている。いつも、「昔はよかった」という。それが人間の心理というものである。

地球上に戦争やテロはなくならない。核や飢餓や自然破壊は止まらない。人間の文明は滅びる危険さえある。なるほど、いまは世紀末の条件に満ちている。だから、本当に世紀末なのか。

いや、二〇〇一年になった瞬間にこの世が一変することはない。戦争や核や公害がなくなるはずがない。人の心も変わらない。昭和が平成になっても、何も変わらなかった。すると、世紀末は実体のない言葉遊びに過ぎないことになる。

いま、どこの会合でも「来たるべき二十一世紀に向けて」というスピーチを聞かされる。根は楽観的な日本人は、もう世紀末を抜きにしている。もっとも二十一世紀もあまり意味がない。たちまち展望が開けていい時代になるわけでもない。未来とか将来というほどの意味か、変わるかも知れないというはかない期待に過ぎない。

時の流れに、一切の区切りはない。

大震災の教訓

あの阪神淡路大震災から三年がたった。まだまだ、そのつめ痕《あと》は残っている。多くの人の暮らしはなかなか元通りにはならない。けれども、この辺でひとまず総括してみよう。

「家はないけど、元気ありまっせ」と、全壊した家の跡で、おばさんが声を上げる。「地震に当たって仮設に当たらん」と、仮設住宅の抽選に外れたおじさんが高笑いしている。「地震には自信過剰やった」と、傾いたビルのオーナーがしゃれを飛ばす。テレビで見ていると、こんな人びとの姿も映し出された。関西人のしたたかさである。どんなに悲しく苦しいときにも、冗談を飛ばし高笑いする。打ち沈んだり、深刻な顔をしない。この根性は、この大地震にも押しつぶされることがなかった。

ともかくも、冷静であった。辛抱強かった。いつもは列をつくらないのに、臨時バスには整然と長い列に並んだ。やろうと思えば出来るのだ。パニックも起こさず、デマにまどわされず、大きなトラブルもなかった。韓国・朝鮮や中国の人とも苦難を共にし、助け合った。時代は違うけれども、関東大震災のときとは大違いである。これは誇りにしてもいい。

この震災は、むごかった。だが、一方で私たちに与えてくれた教訓も少なくない。人の命はいかに、はかないものだったか。幸せな暮らしはこんなにもろいものだったか。思い上がっていたが、人間の力は大自然には到底かなわない。経済的物質的な繁栄でおごっていたが、物がこんなに大切だったのか。水道が止まれば、人は暮らせない。最後に、人間は自分一人ではとても生きて行けなかった。それらを肌で知らされた。

もう一つの発見は、日本人に無私の心が残っていたことである。ボランティアの活動に目を見張った。拝金とエゴにまみれてしまったとばかり思っていたのを破ってくれた。

何よりも大きいのは、戦争と同じ体験をしたことである。いや、私が大阪や神戸で見た空襲は、こんなものではなかった。一トン爆弾が大破裂し、焼夷弾《しょういだん》が雨のように降った。だれも救援に来てくれない。仮設住宅も建ててくれない。隣の市に逃げても、食べ物もない。日本中が、みな同じようにやられている。それだけではない。次の日も次の日も、アメリカのB29機が襲って来る。それはこの世の地獄であった。広島や長崎はまたもっとむごかった。それを体験した世代がだんだんと少なくなって行く。字や絵でいくら説いても、身につかない。それを震災は体験させてくれたのである。いやいや、戦争はもっと悲惨なものであった。若い人はそれから推し測ってほしい。

自然が起こす地震は防ぐことは出来ない。しかし、人間が起こす戦争を私たちはやめさせることが出来る。

大阪人度テスト

大阪人であるには、三代前までたどる必要はない。ここで生まれることもない。住んでいるか、働いていればいい。ついでに、兵庫県や奈良県などの大阪周辺に住んでいても立派に大阪人である。

ここに一つの大阪人度テストがある。それで、すぐに大阪人かどうかを自己点検ができる。では、始めよう。

次の大阪の地名を読んでもらいたい。

①放出（大阪市の城東区から鶴見区にかけての町名）
②茨田（同じく城東区から鶴見区にかけての古い地名）
③靭（大阪市西区の町名。靭本町、靭上通、靭北通、靭公園など）
④松屋町（大阪市中央区の町と道筋の名）
⑤立売堀（大阪市西区の町と以前の堀川の名）
⑥道修町（中央区の町名で、製薬会社の並ぶ町で知られる）
⑦遠里小野（大阪市住吉区から堺市にまたがる町名）

⑧十三（大阪市淀川区《よどがわ》の阪急十三駅を中心とした町名）
⑨信太山（古くは信太郷で、今も和泉《いずみ》市の丘の名）
⑩喜蓮（古い地名だが、いま大阪市平野区の町名）

さて、正解は次の通りである。七つ以上が正解なら、大阪という土地に通じている。大いばりの大阪人ということになる。

①はなてん 旧大和《やまと》川と寝屋川に挟まれた低湿地で、ここにたまった水を放出した。〈はなちで〉と呼んだのがなまった。
②まった 仁徳帝の築いた茨田の堤で知られる。万牟多の字あり。昔は枚方《ひらかた》あたりまでの淀川左岸の広い土地を指した。
③うつぼ 本字は矢を入れる武具の靫で、靭は誤用。豊臣秀吉が海産物市場を巡視し「安い、安い」の掛け声に「矢巣なら靫だ」と冗談を言うたのに始まる。市場がここに移っても使われる。
④まっちゃまち 〈つ〉をつまり、屋を〈ちゃ〉とするのが正解。大阪人の習性。私は松山を〈まっちゃま〉と言うて笑われた。
⑤いたちぼり 伊達《だて》家が掘ったので伊達堀で、のち〈いたちぼり〉と読む。材木の立ち売りが盛んになり、立売の字を当てた。

⑥どしょうまち　〈しゅう〉と発音したら×。古くはここが道修谷だったとの説が有力。元禄《げんろく》の町絵図には「としゆ谷」と記されている。なぜ〈しょう〉という発音になったのかは不明。
⑦おりおの　古くは〈とおさとおの〉と読み、瓜生野〈うりうの〉とも呼ばれた。こんがらかったのかも知れない。
⑧じゅうそう　淀川の上流から十三番目の渡しがあったという説が有力。三を〈そう〉と読むのは分からない。
⑨しのだやま　古くは臣多を当てた。浄瑠璃《じょうるり》『芦屋道満大内鑑《あしやどうまんおおうちかがみ》』の白ぎつねで知られ、きつねうどんを大阪では信太とも呼ぶ。
⑩きれ　最後に〈ん〉をつけたら×。遊芸人を意味する久礼がなまり、喜蓮といういい字を当てた。

幻の首都大阪

東京の一極集中を抜け出すために、首都機能を移転する計画がある。一九九八年（平成十年）一月十六日、移転の候補地に十一地域が選ばれた。東北から北関東の「北東」ブロック、東海から近畿《きんき》にかけての「東海」、「三重・畿央」両ブロックの計三ブロックの十一府県である。ひょっとしたら、百何十年かぶりに都が変わるかも知れない。

しかし、もちろん大阪は候補に入っていない。もともと望んでいない。そんなもんが来たら、厄介なだけである。大阪のアンチ東京は、東京に代わって覇権をにぎりたいのではない。東京が首都づらをしてすべてに号令をかけんといて、こっちの自由にさしといてと言うているに過ぎない。

実は、間一髪のところで大阪が首都になっていたかも知れなかったのである。一八六八年（慶応四年）一月、できたばかりの明治新政府の立役者の一人である薩摩《さつま》の大久保利通《としみち》が、大阪遷都《せんと》の建白書をさし出した。因習の京都を離れて人心を一新したい。それには海に面して交通の開けた大阪の他にない。維新のもう一つの主力だった長州も賛成した。薩摩も長州も西国で、大阪と近しい。

京都の人びとは大いに不満である。公家《くげ》あがりの高官たちも反対した。まとまらない。しかし、取りあえず明治天皇が大阪へ行くことにした。三月に大阪の西本願寺津村別院（北御堂）に着いた。ここが四十四日間の仮御所になった。「有り難いこっちゃ、大阪が都やで」と、大阪は大騒ぎになった。

ところが、首都大阪は幻に終わった。江戸が一番よいという説が旧幕臣の前島密《ひそか》から出された。大阪は港が浅くて大船が入れない。人家が密集して道が狭く、皇居や役所を新しくつくる余地がない。このままでは江戸は衰退するが、大阪は民間の力でやって行ける。この意見が通り、江戸は東京と改名して首都になった。翌一八六九年（明治二年）のことである。そのとき考えられていた以上に、近代は政治の力が強大になる。大阪の一つの運命が決まった。

東京は日本の中央ではない。東に偏《かたよ》っている。日本の歴史を見ると、東の鎌倉と江戸幕府は米、これをつくる土地に重点を置いた政治をしている。これに対して、西の室町幕府と豊臣政権はむしろ金に執着していたように見える。農業対商業である。近代の東京政府もどうも農業からなかなか脱却できない。

もし新しい首都が「北東」ブロックの東北や北関東になったら、あまりにも北東に偏りすぎる。候補になった理由に、東京との連絡が容易であることが挙げられている。そうなると、西日本はどうなるのだろう。あまりに遠くて、不便である。地図上の距離だけではない。例えば、東北と関西では人の気質が違いすぎる。もしも「北東」に首都が移るなら、西日本は独立してゆるやかな連合国家がいいのではないか。それとも、この移転話はとても実現できないか。

××一色の罪状

一九九八年（平成十年）二月の日本は、長野冬季オリンピック一色になる。というより、マスコミはこの言葉が大好きで、××一色と盛んに書き立てる。六月には、フランスでのサッカーW杯一色になる。実際には、雪のない大阪などはそれほどの関心を示すとは思えない。しかし、金メダルを取ったりすると、日本中が興奮する。

これはマスコミだけに責任があるのではない。日本人自体にどうもそんな傾向があるようである。一九四五年（昭和二十年）八月十五日までは、人びとはみな鬼畜米英撃滅を叫んでいた。戦争に負けると、たちまちアメリカ民主主義をたたえる。それが同じ人間なのだから、あきれてしまった記憶が強く残った。国家主義一色から民主主義一色になってしまった。振り子のように変わり身が早くて、それこそ××一色に染まってしまうところがある。

いまもそうである。昨九七年後半までの財政再建が一転して減税や補正予算の大合唱である。不景気を叫ばないと、白い目で見られる。もうかっている会社も少なくない。

けれど、みながシュンとしているのに、自分だけがはしゃいではいけない。そんなところは黙っている。かくて、不景気一色である。当然ながら、不景気にはいろんな原因がある。その中で、人びとの心理から来る面も大きい。こんなに不景気、不景気と叫ばれては気持ちが縮んでしまう。消費が落ち込んで、不景気の悪循環になる。

いま、袋だたきに遭っているのは、銀行や証券などの金融機関である。不良債権をどっさり抱えながら、総会屋にどんどん金をやっていた。それは何かの事件によって次々に変わる。商社だったり、ゼネコンだったり。銀行はじっと耐えている。あらしが頭上を通り過ぎて、次に移るのを待っている。

一方、ただいま規制緩和・自由化一色である。なるほど、それは日本に必要なことは間違いないが、すべてそれが善ではない。弱肉強食が進むことでもある。とにかく、何んでも善か悪かにしてしまうのが、日本人の習性である。とくに時代劇がそうだが、映画やテレビのドラマの登場人物は、善玉か悪玉である。歌舞伎《かぶき》では善玉は白塗り、悪玉は赤面《あかつら》にして、十二歳の観客にも分かる。

しかし、本当は××一色なんてことはこの世にはありえない。どんな場合でも、まだら色である。人間には全くの善人も悪人も存在しない。真実は振り子の真ん中にある。

私が恐れているのは、扇動のうまいのが現れ、政治や財界の腐敗を言いたてて、民衆の不満をあおり立てることである。日本人は民主主義を簡単に捨ててしまう危険がある。とくに、昔に比べてテレビの扇動力がはるかに強力で、各局はいつも声をそろえている。

日本中が一色になるとき、最も染まり難《にく》いのが大阪ではないか。その気風を頼りにしている。

女子大生の目I

わが帝塚山《てづかやま》学院大学で、私は「大阪学」の講義をしている。こんどテストをした。解答のほかに、大阪についての発見を付け足すように求めた。これは、その中の一部である。女子大生の目は大阪をこんなふうに観察している。

◆東京の友人が大阪に遊びに来ました。戎橋《えびす》にさしかかったとき、「ここは日本じゃあない！　ここはアジアだ！」と叫びました。

◆大阪と東京を見比べます。動く歩道では東京の人は歩きません。大阪人はさっさと歩きます。東京人は、あれは体を休めるためにあると考えているようです。大阪人にとって、あれは時間を短縮するためにあるのだと思います。
◆京都の四条通りと大阪の戎橋筋とでは、人の流れの速さが違います。私は京都生まれで京都育ちですが、通学のために大阪へ行くようになりました。伝染病のように、私も「いらち」になりました。梅田ではエスカレーターでみんな歩いています。ところが、烏丸《からすま》では人が動かないので、「左側くらいあけてよ」と、つい思うようになりました。大阪の街ではいつも何かに追われているようです。
◆羽曳野《はびきの》病院のエレベーターは閉ボタンをいくら押しても、ドアが早く閉まりません。病院の人に質問すると、「お年寄りが乗ろうとしているのに、閉ボタンを押す人がいて危ないんで、こうしたるんや」と言われました。
◆私はミナミの薬局でアルバイトをしていますが、お客が商品がどこにあるかと尋ねることがあります。手が空いていないときには、「少々お待ち下さい」と答えると、ほとんどは「ほな、自分で探すわ」と向こうへ行きます。答えても、最後まで聞かずにその辺へ向かいます。レジで試供品などをオマケすると、本当に大喜びしてくれます。
◆駅の立ち食いうどん屋で観察しました。そこは実に奇妙で単純なメカニズムを持っています。混むときと暇なときの差があまりにも激しいのです。一番混むのは、特急や急行など長時間の電車の来る前か、到着したあとです。店はてんてこ舞いの忙しさで、客は店の外から投げ入れるように注文します。このときは恥も外聞もなく、できるだけ早く胃の中へ入れようと必死です。すごい。
◆友人に「コンタクトを買いに行くさかいついて来て」と言われ、わけ分からずついて行くと、友人は店の前で車をとめ「ほな待ってて、お巡りさんが来たら、すぐにどかしますと言うて、にっこり笑いや」と店へ入りました。案の定、警官が来たので、言われた通りにしました。すると、「お願いしますね」と、ていねいに納得してくれました。私は友人の大阪魂に感心しました。そのときにもらったビラには、「違法駐車はアカン！　みんなおこってるで」とありました。決してやさしい言い方でないのに、大阪弁で書かれてあるせいか、親しみを覚えました。

女子大生の目Ⅱ

私の「大阪学」を受講する帝塚山《てづかやま》学院大学の女子大生の、大阪を観察するレポートから。続き。

◆東京ドームへ友人とプロ野球を見に行きました。料金が高いな、とためらっていると、中年のおばさんが「このチケットいかが。余っているのよ」と二枚くれました。七千円はするでしょう。帰りにJR大阪駅で切符を買おうとしていると肩をとんとんとたたかれ、「姉ちゃん、おばちゃんな、株主優待券があんねん。上げるわ」と言われました。またまたラッキーと思っていますと、「これ、普通やったら二百四十円すんねん。せやから、百五十円で買えるんやったら得やろ」と、手を出しています。つい、私は買いました。東京と大阪ではえらい違いです。

◆私が自動車教習所へ通っていたとき、入所して間もない男の子が友人と話すのを聞きました。「信号の青は〈行け〉やろ、黄は〈まだまだ行ける、がんばれ〉やろ、赤は〈注意して行け〉やろ」と言っているのです。驚きました。でも、いまの大阪を見ていたら、そんな運転も少なくないのです。

◆鳥取から来た友達が信号が赤なのに、車が走る道路を渡ろうとして、私は驚いて止めました。すると、彼女は「あんたが赤やったら気をつけて渡りや、と教えてくれたやないの」と言います。大阪人は情況をよく判断しながら、規則を守らずに危なそうに見えても実は安全に行動していることに気が付きました。

◆夏休みにアメリカへ行きましたが、帰りに関西空港でスーツケースが回って来るのを待っていました。引かれた線で待つのですが、我先にとみんな身を乗り出し、後ろの人はケースを取れません。他の空港ではこんなことはありませんでした。

◆私はよそから大阪へ出て来ました。友達を見ていると、彼女たちは人の目というのを全くと言っていいほど気にしません。私にとってうらやましく、疑問のあるところです。私は鳥取というところに住んでいたせいか、人の目を気にしすぎます。「恥ずかしい」という基準が、私と彼女たちとでは違うように思われます。

◆私はアルバイトでキャディをしています。たまに、出張ついでにゴルフに来る東京の人につくことがあります。その日はひどく楽をします。東京の人がOBすると、ボールを探そうとする私に「キャディさん、もういいよ」と声をかけてくれます。いつもの大阪人なら、OBしたとたんに、「どないや！　あああ、OBや。ハッハッハ」と笑います。ボールを探す私にくっついて来て、自分も必死に探します。「あのボール、一個三六〇円もしたんや。きょうはサラやったのに」と言います。プレー中も冗談を飛ばし笑うことに徹しています。東京の人は黙ってプレーを楽しみ、自分の失敗や成功を大声で口にする人はあまりいません。

女子大生の目Ⅲ

私の「大阪学」を受講する帝塚山《てづかやま》学院大学の女子大生の、大阪を観察したレポートから。三回目。

◆大阪人は自由が好きで、規則や道徳を守らないと言われますが、人情のマナーはしっかりと守っています。細い道で車のすれ違いが難しいときに、よけてもらったりしますと、クラクションや手で有り難うを言います。よけた方も、「どういたしまして」と合図します。私の観察では、東京の方がそれは少ないように思います。

◆街でおばあさんがみかんの入った袋を落とし、私は「大丈夫ですか」と言いつつ拾いました。「じゃあ」と別れようとすると、おばあさんから世間話を始めます。同じ駅まで行くと分かり、「袋を持ちましょう」と言うと、おばあさんは「いいよ」と言いつつ、袋を私に渡すのです。いよいよ別れになり、おばあさんがみかんを「食べな」と差し出します。私も遠慮なくいただきました。出会いがあり、別れがありました。これが、大阪の日常のドラマなのです。

◆スーパーで牛乳を買おうと手に取ったとき、見ず知らずのおばさんが「お姉ちゃん、こっちの方が新しいで」と、声をかけて来ました。おせっかいと言えばそれまでですが、これが大阪です。

◆私が小学校のときに甲子園へ阪神・巨人戦を見に行きました。父が阪神ファンなので、私たちは阪神側スタンドにいました。「阪神命」と叫ぶ人もいて、怖くなりました。そのど真ん中で、巨人ファンの私と母は、小さい声で巨人を応援しました。七回裏の名物の風船上げのときになりました。後ろで「桑田のほくろに当てたれ」と叫んでいたおじさんが、「あんたら、味方とちゃうみたいやけど、やるわ」と、風船をくれました。あれが大阪やなあ、と思います。

◆敬語として「はる」を使うのは京都も大阪と同じですが、ちょっと違います。京都では敬語として使うのではなく、身内のことにでも何でもこれを使います。大阪は身内や友達には使いません。はんなりした京言葉だった私が、大学から帰宅して「今日、友達と会うて、ごっつう話もりあがってん」と母に話すと、母は「大阪の人みたいね」と、悲しい目をして言いました。姉は「知らん間に声大きならはったなあ」と感心しています。

◆東京へ女友達三人と遊びに行ったとき、山手線の車中で、いつもと変わりなく話をしていました。気がつくと、話しているのは私たちだけ。大きな声が響き渡っています。みんな聞いている様子でした。東京の友達は「やっぱり、大阪の子って面白いね。漫才を聞いているみたいね」と言いました。

◆大阪ではいくら男前でも面白さに欠ける男の子はもてません。女の子もブリッコより、ギャグを連発する面白い子が男うけします。

◆先生に「考えとくわ」のことを聞き、友達の断りの意味を初めて知りました。私が誘っても、いつも考えとくわと言うのです。

大阪の名の由来

大阪という地名を使いながら、その由来を案外に知らない人が多い。土偏の大坂の名が史上に現れたのは、中世は室町時代の一四九六年（明応五年）のことである。五百年前になる。

それまでは難波〈なにわ〉と呼ばれていた。「日本書紀」によると、東征して来た神武天皇の船団が上町《うえまち》台地の北の水路を回り当時の河内《かわち》の海に入ろうとした。いまの天満《てんま》橋付近である。そこへ旧淀《よど》川という大河が流れ込む。浪《なみ》が速くて、航海に難渋した。そこで、浪速〈なみはや〉の名ができた。これが難波となり、さらに浪花や浪華の字を当てた。神武は神話で、本当は四世紀の末の応神天皇の話かも知れない。応神は北九州から来て河内王朝をつくった。

さて、明応五年八月十六日である。二十石船が毛馬《けま》から淀川を南下する。本願寺の蓮《れん》如《によ》が、行く手に小高い丘を見つけた。いまの大阪城の高台である。聞くと、摂津の国は東成郡生玉《ひがしなりこおりいくたま》の庄《しょう》の小坂村だという。大坂とも書き、ともに〈おさか〉と読む。蓮如は早速に和歌を詠《よ》み、「大さかの山」とした。大坂の名が初めて記録された。五七五七七には、〈おおさか〉と読む方が使いやすい。いつかそのうちに、そう読むようになっている。

堺へ行く蓮如は渡辺の津で下船し、この丘に上った。渡辺の津はいまの天満橋南詰め。そこから丘へのなだらかな坂が、小坂または大坂だろう。蓮如は苦闘の末に京都山科《やましな》に巨大な本願寺を建てた。が、いよいよ戦国の世が深まる。他宗派の迫害が絶えない。いざとなると、山科の地形は危うい。それに比べ、この大さかの山はすばらしい要害である。ここに御坊を建てることにした。掘ると、石がごろごろ出てくる。石山と名をつけた。

蓮如の予見は当たった。ひ孫の証如《しょうによ》の代に、山科本願寺は焼かれた。石山御坊が本願寺となる。寺内町をつくり、防備を堅めて要害となった。石山本願寺城とか大坂城と呼ばれた。のちに織田信長が「大坂はおよそ日本一の境地なり」と言ったと、「信長公記」は書く。信長がこれを攻めたが、十年間も落ちない。やっと手に入れたが、本能寺で殺された。志を継いで、豊臣秀吉が大坂城を築く。

近世の江戸時代はずっと大坂と呼ばれた。天下の台所と言われ、大いに繁盛《はんじょう》した。やがて、幕府は倒れて近代に入った。ところが、経済的な特権がなくなるなど、大坂は大きな打撃を受けた。豪商の倒産が続出し、人口が半分に減るという有り様である。だれかが言い出した。坂は土に反《かえ》ると書く。つまりは死ぬことである。縁起がよくない。これに対し、阝《こざと》偏は盛んとか多いという意味を持つ。阪という字に変えようということになった。ぼつぼつと大阪を使い始めて、一八七七年（明治十年）ごろに大阪という字に定着した。人びとの願い通りに、そのころから大阪は繁栄を取り戻して行く。

かくて、いまの大阪になった。

卒業生へ贈る言葉

私の帝塚山《てづかやま》学院大学では一九九八年（平成十年）三月二十日に卒業式を行いました。巣立って行く女子大生に学長訓示をしました。この一部を公開します。

卒業生の皆さん、おめでとう。いよいよ、あすから社会へ飛び立ちます。人生の本番です。職業を持っても、家庭に入っても、自分の足で、この世の中を歩み始めねばなりません。

この卒業生の中に髭美樹《ひげみき》さんの名があります。実は、美樹さんは昨年十二月四日に亡《な》くなられました。病気をおして最後まで授業に出て、卒業論文を書きかけたまま倒れたのです。大学は温かい心をもってとくに卒業を認めました。きょうはお母様が出席され、卒業証書をお渡ししました。ここで、天国にいる美樹さんに卒業の祝いを届けるために、みんなで拍手を贈りませんか。このことを覚えていて、美樹さんの分も人生を生きるのです。

人間が幸せなときは、だれだって大して変わりません。問題は不幸に落ちたときです。そのとき、泣かず嘆かず愚痴らず他人のせいにせず、毅然《きぜん》としてこれに当たって、これを切り抜けるかどうかによって、その人の本当の値打ちが決まるのです。あなたは長い人生で、何回かはそんな苦難にきっとぶつかります。そのとき、卒業式で私が言ったことを思い出し、ふんばって下さい。

後悔しない人生を送ってほしい。後悔しないためには、どんなときも、会社の仕事も子育ても力を抜いてはなりません。それがうまく行かないでも、全力を出したのだから後悔する必要はありません。とにかく、ひたむきに生きて行くのです。

何か一つ人生の目標を立てて下さい。そんなに高いものでなくても、英会話にもっとうまくなり社会で生かそうとか、人を愛してわが子をちゃんと育てようとかでも、よろしい。それを途中で簡単によしてしまわないでほしい。

あなたが自分や家族の幸せを求めるのは当たり前のことです。しかし、あなたはいつも、もっと広い社会や国や世界の中にいることも忘れないでもらいたい。収賄《しゅうわい》して逮捕される官僚、人を簡単に殺す中学生、その妻や母親が、自分とは無関係だと言わせません。

これから一生の間、あなたは帝塚山学院大学の卒業生というレッテルから離れることはできません。残念ながら、帝塚山学院大学は偏差値はそんなに高くはありません。しかし、本当はそれがあなたの人生に何んの関係もないのです。うちの大学には別の評価があります。良家の子女の通う伝統校というものです。良家とは金持ちとは限りません。品性の高い家族のことです。この社会の評価をさらに高めるには、あなた方一人一人が世間の人の前でどんな生き方をするかにかかっています。このことも忘れないでもらいたい。

あなたが幸せな意義のある人生を送れることを、あなたの帝塚山学院大学がいつも祈っています。さようなら。

中学生の犯罪

近ごろ、中学生の犯罪が続発している。男は簡単に人を殺す。女まで強盗に加わり、麻薬に侵される。大人たちは、ただただ驚くばかりである。その原因を知ろうとして、いろんな学者や評論家が動員されている。だが、中々に本当のことが分からない。お手上げの様子である。ところで、これはそんなに難しい問題だろうか。そんなことはない。実は、いとも単純なことなのである。

そもそも、人間は動物である。動物には先天的に本能というものがある。あの物がほしい。こういうことをしたい。反対に、こういうことはしたくない。だれもが、優越感と劣等感を合わせ持っていて、人をいじめたくなる。自分の思い通りにそんな欲望を満たし、それで行ければそれに越したことはない。しかし、人間社会はそうはならない。

あれがほしいと思っても、それには他人の所有権があるから、奪えば泥棒である。人間の一生の中には、他人に対して憤激して殺してやりたいという感情にかられることもあるだろう。しかし、人を殺せば殺人である。だから、大多数の普通の人はやらないだけである。犯罪者と紙一重といってよい。

どこが違うのか。それは、そのときブレーキがかかるかどうかの差である。車を思うがままに走らせたい。が、それでは事故が続発し、みな動けなくなる。で、信号で車を止めてスムースに流れるようにしている。だから、ブレーキをかけねばならない。そのブレーキのエネルギーになっているのが、法律や道徳や社会ルールなのである。

生まれたときは動物そのものだから、自分の行為にブレーキをかけることを知らない。人間という動物だけは自然にこれを覚えて来る。昔の日本は子沢山で貧乏だったから、子どもは育ちながら、物事が自分の思い通りにはならないことを覚え、ブレーキが身についてきる。ところが、子どもが少なくて余裕があるから子どもが求めるままに何んでも与え、いうままに育てる。しつけとはブレーキを教えることである。それを教えた祖父母が同居していない。母親は勤めに出て家にいない。父親も物分かりがいい。戦後は、子どもをしつけ規制するのが、封建的で古くて悪であるような社会的風潮がある。

中学生になると社会的欲望が大人に負けないくらいに膨らむ。にもかかわらず、社会そのものとは、まだそんなに深い接触はない。そこで欲望へのブレーキが利《き》かない。欠陥車である。だから、大人から見ると、わけの分からない犯罪が起こる。彼らは「キレる」という。本能を抑え切れないことである。ところで、この種の犯罪は高校、大学と進むにつれ、次第に減る。本能を抑えなければ、この世の中に生きて行けないことを自然に悟って来るからである。

この犯罪を解くキーは、別に中学生だけのことでない。すべての犯罪、すべての人間に適用される。犯罪者は欠陥車なのである。本能にブレーキが利くかどうかにかかっている。

君たちはどう生きるか

私の帝塚山《てづかやま》学院大学ではこの一九九八年（平成十年）四月三日に文学部の、四日に人間文化学部の入学式をした。そのときの学長訓示を圧縮してみよう。

みなさん、入学おめでとう。あなたは、これから四年間に先生から数え切れない質問を受けるでしょう。その最初の質問を、いま私がします。あなたは大学へ何をしに来たのですか。どうですか。遊びに来た、と胸の中で答えた人がいますか。それは正直な人です。でも、考えて下さい。掛け替えのない青春の四年間を遊びほうけてもいいのですか。親が出してくれた大枚の学費を、そのために無駄に使ってしまっていいのですか。胸に手を当てて考えて下さい。

次に、勉強しに来たと思った人はいますか。では、何んのために勉強するのですか。一番具体的なのでも、卒業して就職するためだというぐらいでしょう。では、どんな仕事をするのですか。

最後に、何しに来たか分からないことに気がついた人も多いでしょう。みんなが行くから来た、親が言うから来た、という人がいませんか。それでは困ります。あなたは人形ではありません。人間でしょう。

公式的にいえば、あなた方は学問をしに大学へ来たのです。学問とは先生の言うことをひたすら暗記することではありません。大学の学問は人に強制されるものでなく、自分で物を考えるのです。

文学部での学問は、実は社会に出て直接に役に立つことはありません。文学部は就職に不利だなどと思われています。とんでもない。しっかりとした考え、豊富な教養を身につけておれば就職に十分です。会社に入るにしろ結婚生活を送るにしろ、あなたがこれからどう生きるかを決め、自分を見つけるのが大学の四年間です。

大学の究極の使命は、人間をつくることです。あなたが学ぶ文学とは、字や解釈を覚えるのが、最終の目的ではありません。文学こそが、人間の生き方を最も端的に最も深く教えてくれるのです。

ここでもう一度、私はあなた方に究極の質問をいたします。君たちはどう生きるか。これは、私がいまの中学一年のときに読んだ「少国民文庫」の一冊の題名です。いま、大人用の岩波文庫になっています。この質問に、いま答える必要はありません。この四年間にじっくりと考えてほしい。それを見つければ、それには何を勉強し何を身につければいいかが自然と分かって来ます。どんな友達をつくり、どんな人と恋愛し結婚し、どんな会社に就職を志望し、どんな道に進むかについても自然に分かって来ます。

人間の値打ちは、出身学校でも偏差値でも、外形でも貧富でも決められません。どんな心を持ち、どんな生き方をするかで決定されます。よく講義を聞き、まともな本を読み、人や社会を観察し、自分で考えて下さい。君たちはどう生きるか、これを宿題とします。四年後の卒業式の日に一人一人が胸の中で、立派に答えて下さい。いま、それを約束しましょう。終わります。

通り抜けの由来

ことし一九九八年（平成十年）もまた、造幣局の桜の通り抜けが始まった。大阪の名物である。が、その来歴を知る人は少なくなった。何んでやねん。

大川べりに造幣寮が開場したのは、一八七一年（明治四年）二月十五日であった。のちに大蔵省造幣局になる。正午に、「ど、どーん」と二十一発の祝砲が大阪城から打ち出された。二十五人のお雇い外国人の手で貨幣鋳造機を動かす。侍上がりの日本人職員の中にはまだちょんまげを切らない者もいる。

翌十六日から三日間は一般に公開された。好奇心あふれる大阪人が、わんさと詰めかけた。鉄柵《てつさく》を押し倒してけが人が出る。三十メートルの大煙突に登らせろ、と係官を困らせる。げたや草履についていた砂が大廊下に六センチもつもった。街では、家ごとに紅のちょうちんをつるして祝う。大阪の文明開化である。

当時の造幣局の敷地内に、旧藤堂藩の蔵屋敷があった。いまは帝国ホテルになってい

造幣局名物・桜の通り抜け

る。その屋敷に、みごとな里桜が植えられていた。これを現在の大川沿いに移した。春には美しく花が咲いた。局員だけの花見ではもったいない、と市民に開放したのが一八八三年（明治十六年）である。百十五年も前になる。花見客が押し寄せ、大変な混雑である。その整理のために一方通行にして、後戻りできないことにした。いつしか、通り抜けの桜と呼ばれるようになる。対岸の桜宮と合わせて大阪一の桜の名所になった。

通り抜けには歴史がある。大正年代には大阪に林立する煙突から吐き出されるばい煙に桜がやられ、一九四五年（昭和二十年）六月十五日の米軍機の空襲で火の粉に焼かれ、戦後は昭和三十年代の岩戸景気ごろからの大気汚染によって枯死が続いた。この何度かのピンチを造幣局員の努力で切り抜け、桜を守って来た。一九四三年（昭和十八年）から四年間は戦争のために通り抜けが中断された。一九六七年（昭和四十二年）四月二十日は二十万人の人出があった。夜九時の閉門間際《まぎわ》に大勢が南門に殺到した。だれかがつまずいて倒れ、その上に次々に折り重なった。一人が死に、二十七人が重軽傷を負う大事故になった。

日本人はなぜ桜だけを花見と呼び、別格にしているのか。人はいつ命を終えるか分からない。春になり桜が咲くと、「ああ、ことしも桜を見られたのか」という深い感慨にふけったからである。さっと散るその潔《いさぎよ》さも愛された。私たちの世代は、桜のように国のため死ねと強制もされたが。また、なぜか、花見とは飲み食いして騒ぐものという風習がある。近ごろはカラオケの機械を持ち込んで、がんがんとわめく。何が日本人の風流か、とがっかりさせられる。

通り抜けはあとからあとから人の列が続くから、桜の木の下にビニールシートを敷けない。それはいいことだと思っていたが、ちょっと大川べりへ出ると驚く。食べさしのごみの山である。汚い。それを見ないために、やはり通り抜けは夜桜に限るのか。

プロ野球大阪軍団

春である。選抜高校野球が終わり、プロ野球が始まった。高校野球とプロ野球の違いの一つは、プロ野球が郷土性を持たないことである。フランチャイズはあるが、その球団の選手の出身地とは何んの関係もない。阪神タイガースは大阪という地域性が最も濃いが、ことし一九九八年（平成十年）の選手の六十八人のうち大阪出身は五人に過ぎない。

府県ごとにチームを組み、シーズンオフに甲子園球場でトーナメントの大会をやったらどうだろう。中にはメンバーを組めない府県もあるから、参加チームの数も適当になると思われる。

そこで、まず全球団にどんな大阪出身の選手がいるかを調べてみた。投手は、先発に桑田（巨人）、今中（中日）、湯舟（阪神）、次いで田中、黒田（広島）、清水（日ハム）ら、これからの有望株がいる。調子を見て、いつでも使える。中継ぎに五十嵐《いがらし》（横浜）、岩本（日ハム）、藪田《やぶた》（ロッテ）がいて、抑えに水尾（オリックス）や岡本（ダイエー）を当てるが、ここは少し弱い。野茂《のも》が大リーグから帰ってきたら、もちろんエースである。

捕手は西山（広島）、古久保（近鉄）、矢野（阪神）、久保（オリックス）に、一塁へ回った吉永《よしなが》（ダイエー）がいる。もったいない。

内野では、一塁手が清原（巨人）、西浦（日ハム）が並ぶ。二塁手は立浪《たつなみ》（中日）がいるが、ことしは左翼に転じるようである。他に元木（巨人）が控える。三塁手には中村（近鉄）がいる。遊撃手は松井（西武）、宮本（ヤクルト）、浜名（ダイエー）とそろう。松井の名は稼頭央《かずお》で、稼ぐの字が大阪的である。足で稼ぐわけか。

外野では、左翼に坪井（阪神）、中堅に谷（オリックス）、右翼に佐伯《さえき》（横浜）がいる。派手なバッテリーに集まり、内野、外野とだんだん減って行くのも大阪らしさである。

組織と管理の不得手なのが大阪人だが、監督は一人もいない。

　これで先発ラインナップをつくろう。

遊・松井
左・立浪
DH・吉永
一・清原
右・佐伯
中・谷
三・中村
捕・西山
二・元木

　外人抜きだから、これは中々の強力打線である。清原が三振ばかりだと、すぐに西浦に替える。二塁の控えに浜名がいる。脱税での出場停止が解けたら、宮本をベンチに置くのは惜しい。ピンチヒッターは、右が宮本、古久保、矢野、左が坪井を当てる。

　これでかなり勝ち進むことができそうで、あわよくば優勝も夢ではない。とにかく東京だけには勝ちたい。

　このプロ野球甲子園大会はとても実現しないから、せめてあなたが自分が監督になったつもりで、郷土チームを編成してみたらどうだろう。郷土自慢の友人がいたら、机上のゲームを遊べる。

これが掲載されたのは一九九八年四月二十二日だが、その八月五日に朝日新聞がこの発想で、全国を八地区に分けてメンバーをつくり、第1回全国地区対抗高校OB野球大会を紙上開催した。過去のデータを入れてコンピューターで電脳試合をし、やはり大阪・兵庫の「大阪湾ワッショイズ」が準優勝し、京都、奈良、和歌山など五府県から成る「上方おいでやす」が優勝した。

その後、大阪チームはさらに強化された。二〇〇一年の登録選手でメンバーを作り直してみよう。

遊・松井
左・立浪
二・金城
三・中村
一・清原
中・谷
右・佐伯
捕・西山
投・上原

投手に上原（巨人）や前川（近鉄）、打撃に金城（横浜）が加わり、中村（近鉄）が大物になったのがすごい。制覇はいよいよ間違いない。

大阪流道路横断法

大阪の人は、どういう風に道路を横断するのか。それを、ここで総決算してみよう。道路を横断するときは、まず前方の信号を見る。黄信号だと、もう無理はしない。赤で、もちろん動かずに止まっている。青になるのを確認し、初めて歩を起こす。これが正当な道路横断法である。

ところが、大阪には独特の道路横断法がある。最もよく知られているのは、前の信号が青にならない先に動き出す風景である。この場合も、だれか一人が突飛な出方をすると、それにつられて続く。みんなで渡れば怖くない。

前方の歩行者用信号が先に赤になり、間を置いて車用のが赤になる。そのわずかな間にも歩行者が走る。

さて、次の段階である。前の信号を見るところを、左右を見て自動車が途切れないかどうかを見る。うまく車が来ていないと、やにわに走り出す。これは冒険である。突っ込んで来る車がある。これを見事にかわしている。赤黄青というシンボルよりも、車が通っているかいないかという目で見た現実を信じる。

三つ目は、前の信号ではなしに、横にある左右の信号を見る方法である。つまり、目の前を走る車が見るべき信号である。これが、赤になるかならないかで、渡り出す。左右の車が赤で止まるものと想定しているのである。前の信号が青になるより先に、横の信号が赤になる。車が突っ込んで来ないように、わずかの間が置かれている。その二秒か三秒の間が待てない。ところが、車の運転もまた大阪人である。黄はまだまだ行ける、赤は注意して行けと突っ込む。これは危険である。この場合も、一人が動き出すと、みんなが自分で信号を確かめないで渡る。

この有り様では、大阪の交通事故がさぞかし多いと思われる。しかし、とくに若い層の事故は他の大都市に比べてそんなに多くないらしい。わが帝塚山《てづかやま》学院大学生の報告「大阪学ウォッチング」によれば、大阪人は人とぶつかるのを避けるのが上手だという。日ごろ危ないことをしているから、身のこなしがよく修練されている。東京の盛り場で大阪と同じように歩くと、人にぶつかって仕方がないそうである。相手が大阪のように避けてくれないからである。

ところが、大阪での年寄りの信号無視や横断禁止違反による事故が全国平均では一〇%なのに、大阪府では五五%と異常に多いという。それはこういうことだろう。若いときからずっと、大阪流道路横断法でやって来た。そのころは、身のこなしがいいから、うまく渡れた。そのうちに年を取り、体力や判断力が衰えて来る。いままでのように、うまく車を避けられない。にもかかわらず、それに気づかない。昔と同じような道路横断を続けて、事故に遭うことになる。「いらち」は年寄りには冷や水である。

大阪の男と女

大阪の男と女はどうなのか。これを描いた名作小説が三編ある。

まずは『鱧《はも》の皮』である。一九一四年（大正三年）に、上司小剣《かみつかさしょうけん》が発表した。明治中ごろの道頓堀《どうとんぼり》の情緒と風物をみごとに出した。お文はしっかり者で、料理屋をひとりで切り回す。婿《むこ》養子の福造はぐうたらな道楽者で、家出して東京にいる。金の無心と復縁の頼みで、最後に鱧の皮を送ってほしいという手紙が来た。お文の母親も叔父も一笑に付す。だが、お文は「あの二杯酢が何よりも好物やった、東京にはおまへんな」とつぶやく。道頓堀のかまぼこ屋で鱧の皮を買い、母に隠して小包にし、それをそっとなでる。

女心の揺れが心憎い筆で描かれる。鱧の皮は細く切り、キュウリもみにかける。ぬくい飯に載せて食べるとこたえられない。大阪の夏の味である。身を取ったあとを捨てないで使うのも大阪らしい。いまも、戎《えびす》橋筋や道頓堀通りのしにせのかまぼこ屋で売っている。

次は谷崎潤一郎の中編『猫と庄造と二人のをんな』である。一九三六年（昭和十一年）に発表した。庄造は芦屋の旧国道で荒物屋をしている。何んの能もないぐうたら男である。しっかり者の母親は嫁の品子と気が合わず、自分のめいの福子が多少の持参金を持っているのに目をつけ、庄造をそそのかして二人をひっつけ、福子は押しかけて来る。いびり出された品子は、庄造の愛する猫のリリーを連れて行く。庄造がリリーを忘れられず、いつかは戻れようという計算である。案の定、庄造はリリーの好きな鶏肉を持って品子の家のあたりをうろつく。これがばれ、福子はいきり立つ。庄造は家を飛び出して品子の留守に家に上がり込み、リリーを抱きしめる。

潤一郎は東京の人である。関東大震災から逃れ来て、阪神間に住みついた。大阪や神戸を愛した。頼りない庄造という男、しっかり者の女たちを精確にとらえる。東京人が見た大阪といえる。

最後は織田作之助《さくのすけ》の中編『夫婦善哉《めおとぜんざい》』である。一九四〇年（昭和十五年）に発表された。大阪下町の長屋に生まれた蝶子《ちょうこ》は、おてんばで、しっかり者。曽根崎《そねざき》で芸者に出て化粧品問屋の息子の柳吉となじみ、駆け落ちする。女房子のある柳吉は勘当になる。二人は所帯を持ち、商売を転々とする。だが、柳吉が怠けて遊び、みな長続きしない。蝶子は雇仲居《やとな》になって稼ぐ。どんな逆境になっても、たくましく明るく生き抜く。千日前の法善寺にある夫婦善哉を二人がしみじみと食べる場面で終わる。

作之助は根っからの大阪人である。姉の千代とその夫をモデルにして、古い大阪の土地と人間へのノスタルジアをうたい上げる。法善寺の夫婦善哉屋はやや形をかえ、いまもある。

おや、そこに描かれている男と女は一致しているではないか。男はぐうたらで、遊び好きである。女はしっかりしていて働き者である。これがすぐれた文学者たちが見た大阪の男と女なのである。

いじめ今昔

小中学生の三人に一人がいじめを受けている。その四割が親や先生にも相談せずに我慢している。こんな事実が、こんど総務庁がまとめた「いじめ、登校拒否、校内暴力に関するアンケート」で分かった。大変だ、これは現代というこの悪い時代のせいだ、とマスコミが騒いでいる。

果たしてそうだろうか。私は自分の子どものころを思い出した。戦前の昭和の一けたから十年代だから、六十年前になる。私はいじめの加害者でも被害者でもあった。

小学校のとき、どうしても成績で追い越せない級友がいた。家が貧しくて中学校へ進学できなかった。そのころ、中学校は義務教育ではない。あいつは魚臭いなどと陰口を言い、仲間外れにした。彼の家は魚の行商をしていた。まさしく、いじめである。そんな光景は、いまも変わらないだろう。ただ、現代は貧しくても進学するのが、当時に比べて容易になっている。昔は惨《みじ》めだった。

私は商業学校へ進んだ。いまの商業高校に当たる。ちび三人組の一人だった。そのころ、解剖と称するいたずらが横行した。何人かで不意に襲いかかり、机の上に押さえつけて寝かし、丸裸にしてしまう。こんな屈辱はない。どうしても、ちびが狙《ねら》われやすい。私はたびたびやられた。これに耐えているだけでは、相手はかさにかかって来る。決然として反撃しなければならないことを、私は学んだ。このことを親や先生に告げることを考えもしなかった。

上級生が集団で下級生の目に余る者を校舎の裏に呼び出して殴るという事件が起こった。日ごろ、生意気だという。これを配属将校と体操教師が後押ししていた。いわば、公認の暴力である。すべての中学校以上に軍事教官が配属されていた。軍国主義、ファシズムの時代だった。いま、学校公認の暴力はないだろう。

歴史を見ると、いつの時代もいまが一番悪いと人間は言い続けている。いじめも、昔の方がもっとひどかった。しかし、傷つけたり、殺したりはしなかった。程度を知っていた。

加害者は劣等感をいやし、誤った優越感がほしいのである。これは人間の本性だから、この世にいじめは絶対になくならない。

さて、いじめは学校だけなのか。いやいや、世の中にいじめが満ち満ちている。会社の中のいじめは、もっと複雑で被害が大きい。仕事よりも人間関係の方を悩むのは、そのためである。しかし、それに負けていては生きて行けない。一般社会のいじめをなくそうとは、だれも言わない。

学校でのいじめをなくすのが理想ではある。だが、無菌にして抵抗力ゼロでその世の中に送り出すのは、もっと危険ではないだろうか。うちにいじめは存在しないと、校長が言うのはうそである。きっとある。むしろ、それを教育のチャンスにしたい。ただし、ひどい暴力や恐喝は司法にゆだねよう。これはもういじめではなく、犯罪である。

食べ物屋の風景

ちょっとした食べ物屋に入ると、「しばらくお待ち下さい。係りの者が席にご案内いたします」という掲示がある。もしこれがなくても、その通りにするのがエチケットである。ところが、大阪ではたちまちこれが破られる。勝手に席を探して乗り込む。東京でこれをやると、いやな顔をされる。問題はここから始まる。

このエチケットは西欧風である。その場合、あちらではウエーターかウエートレスにチップを握らせる。いい席を金で買うことになる。日本には普通そんな風習はない。この席を決めるのは、ウエーターたちの権限あるいは権益なのである。日本では彼らのいささかの自尊心を満たすか、自分たちの都合のためである。あるいは、四人も六人もの席を一人だけが占めては困る場合がある。これだけは合理的である。こんな風景を大阪の一流ホテルで見たことがある。地下の料亭には、十ぐらいの席が一列に並んでいる。ウエートレスが、席を端から続けて決めて行く。端の三つの席に客が入り、他の七つばかりがずっと空いている。客が固まっていた方が彼女たちに便利なのかも知れない。もしも客が自由に選ぶとすると、きっと間隔を空けて選ぶに違いない。隣の席からの話し声は遠い方がよい。

大阪人はこういう規制が大嫌いである。ウエーターたちの権力を認めない。やにわに席を占領し、まだ前の後片づけがすんでいないのに座り込む。前の客のお絞りで、卓上をきれいにふく。大声でウエートレスを呼び立てる。昔は百貨店の大食堂でもう終わりそうな席のイスの後ろに立っている人がいた。せわしくて食べている気がしない。さすがに近ごろは店側が規制して入り口で待たせている。

さて注文だが、ご飯とか水とかずばりと言う人が大阪では多い。これに対し、「ライスですか」「お冷やですか」と問い返すような役人風のウエーターは東京よりは少ないようである。

注文をした料理が、なかなか来ない。大阪人はいらちだから、いらいらしている。ウエーターが注文した席を忘れ、料理を持ってうろうろしていることがある。すると、客の方が料理をのぞき込んで「それはこっちこっち」と言うている。だから、大阪の食べ物屋はうまくて安いの外に、待たせないということも大切である。でなければ、今後ファスト・フード店に負けてしまう。立ち食いそばがはやっているのは安いためだけではない。

病院の診察室に、必ずしも順番通りにならないとの掲示があるところを見ると、どなり込む人があるらしい。食べ物屋にはそういう掲示はない。料理の種類によって待ち時間が違うのが当たり前である。ところが、ある日のこと、客が大声で怒り出した。ずっと後で来た隣の席に同じ料理が来たのである。順番をついうっかりしたと見える。これを間違うウエートレスは大阪では失格である。

食べ物屋での観察だけでも、結構面白い。

○か×かの時代

私は子どものころから映画を見ていた。悪もんがええもんに襲いかかる。危ういかな。場面が変わって、ええもんを助けるために騎士が駆けに駆ける。鞍馬天狗《くらまてんぐ》か白馬の騎士か。手に汗を握った。ええもんが最後には必ず勝つ。めでたし、めでたし。この世の中には悪者と良い人しか存在しない。考えてみると、いまのテレビ時代劇はこれと少しも変わっていない。

これが歌舞伎《かぶき》になると、実に分かりやすい。敵役、つまり悪玉は顔を赤く塗ってある。赤面《あかつら》という。立役、つまり善玉はおおむね白塗りである。これだと子どもでも分かる。

中学生になって、私は少しおかしいと思うようになった。十三歳ごろである。良い人でも、時には悪いことをするのではないか。悪い人もいつも悪いことをしているとは限らないのではないか。人間を善人と悪人に、はっきりと分けることができるのか。最後に、善玉、あるいは正義が必ず勝つのは本当だろうか。そんなことはないぞ。世の中や人間のことが、だんだんと分かってきた。

答えはいつも一つなのか。ある作家が自分の文章を入試の問題に使ったという通知を大学から受け取った。マーク・シート方式の出題である。作者が何を言おうとしているか、次のABCDの中から選べとして、正解を一つに決めてある。作者は読んで、うーんとうなった。自分の言いたいのは、AでもありBでもありCでもありDでもあるようである。しかし、他の三つを塗りつぶした受験生は×になってしまう。高度な文章というのは、そんな単純なものではない。幾つもの複雑な意味を含んでいるものなのである。○×で物事を割り切るのは、いかに低級であり、真実から遠いということがこの話でよく分かるだろう。

家にいるときは、善玉と悪玉の低俗ドラマばかりをテレビで見ている。学校へ行くと、○×のテストで評価のすべてが決まる。○×の時代である。こういうことをしていたら、○×人間ばかりができ上がる。彼らは物事を考え判断するのに、○×や白黒で決める。

それはまず、十二歳ごろまでの幼い思考であり人間なのである。それが、いまの三十歳代にまで及んでいる。その人たちがもう親や先生になっているから、どんどん再生産されて行く。

物事や人間をある一面から見ては、全体を誤る。必ず別の一面がある。それは別々にあるのではなくて、一体になってある。本当はそのどちらでもない。黒か白か、ではない。ほぼすべては灰色である。〇か×か、黒か白かと割り切っているのは、まず間違っていると疑った方がいい。

敗戦直後に日本占領軍の最高司令官だったマッカーサーは、日本人はせいぜい十二歳であると、帰国してアメリカ上院で証言したという記憶がある。いまのままでは、それが当たっているのかも知れない。

テレビカメラの前の大阪人

何も知らない通行人に向けて、いきなりピストルで撃つまねをテレビ局が番組の中で試みた。するとどうだろう。東京では、みんなプイと知らぬ顔をして行ってしまった。

中には「何を失礼な」と怒りの顔を向ける人もいる。ところが、大阪では様子が違った。何人かは、「やられた」と倒れるまねをした。そうでなくても、おばさんは「これ、何やってんのん」とカメラの方へ来て触る。それが、東京と大阪の違いである。大阪人は生まれついての素人《しろうと》のテレビ・タレントなのである。

先だって、私は毎日テレビの「アツマリーナ大阪」に出たが、そこに集まった大阪のおばさんたちのパフォーマンスのものすごさには恐れ入った。

テレビの視聴者参加番組が大阪から始まったのも当然である。大阪で番組をつくるのに、タレントや俳優の多くは東京に住んでいるから、呼ぶのに金がかかる。やっても東京のまねになる。そこで考え出されたのが素人を出すことであった。一九六三年（昭和三十八年）に、朝日テレビで「夫婦善哉《めおとぜんざい》」がスタートした。すでに人気のあったラジオの「夫婦善哉」のテレビ版だった。司会はミヤコ蝶々《ちょうちょう》・南都雄二《なんとゆうじ》である。素人の夫婦が、夫婦げんかから夫の浮気、妻のへそくりまで、開けっ放しにしゃべる。その面白さ。人気が爆発して、大阪での視聴率が三三％にも上った。素人参加のトーク番組が次々にできた。いまも続いているのは、「新婚さんいらっしゃい！」（朝日）、「痛快！　明石家電視台」（毎日）、「ふるさとＺＩＰ探偵団」（関西）など。

東京人は「夫婦善哉」を見て、「大阪人は漫才師か」と侮《あなど》り、露出趣味の低俗番組だと攻撃した。東京では視聴率が一〇％にも達しなかった。地方では早口でテンポが早くて分からないと嫌われた。

大阪人はもともと、自分の欠陥や弱点を恥ずかしがらないで人前にさらす。自分をおとしめても、相手が喜べばそれでいいと思っている。その上、根が目立ちたがり屋ときている。だから、テレビカメラを恐れず、その前でも平気でしゃべる。こういう素人のトーク番組は大阪でなくてはできなかった。しかも、こういう本音を話すのに、あけすけな大阪弁がぴったりなのである。これが標準語では格好がつかない。大阪人は普通の会話で、手順をきっちり踏まないで、いきなりグサリと核心に迫る。建前を抜かして本音に迫る。これらの大阪人の性格は、みなテレビ番組向きなのである。

テレビの時代は長くなった。大阪人のパフォーマンスが、全国に浸透して行った。素人タレントがどこにも増えてきた。中身もどんどん過激になって、性生活までもさらけ出すようになった。評判の悪かった大阪弁も、吉本の芸人たちによって日本中どこでも慣れて理解できるようになった。東京でも大阪のまねをして同じような番組を制作している。だが、やはりどこか違う。

働くことと遊ぶこと

昔は働くことが「善」であり、遊ぶことが「悪」であった。遊び人というと、悪の見本だった。いま、遊ぶことが良いことであり、働くことが悪いことのように言われている。働いてばかりいる会社人間は、家族と遊ばないからけしからん男である。奥さんから離婚されても、仕方がないとされる。休日はどんどん増やされる。とにかく、日本という社会はどちらかに振り子がいってないと気が済まない。困ったものである。けれども、遊んでばかりいては生きて行けない。働くことと遊ぶこととは、どんな関係にあるのだろうか。

私は大阪の商業学校時代に映画に熱を上げていた。今の中学プラス高校時代に当たる。あれは昭和十年代の前半だった。生徒が映画館に入るのが禁止されていた。あのころの厳しさは、今の校則なんかの比ではない。教護連盟の先生が繁華街を見回っている。私は三回もつかまった。それでも、やめなかった。面白くて仕方がない。雑誌「映画評論」なんかを購読し、大いに映画を論じた。学校の勉強よりずっと楽しかった。これは「遊び」である。

大学を出た私は新聞記者になった。映画好きは続いていて、学芸部で映画記者になりたかった。入社十二年して、やっと念願がかなった。大喜びである。映画会社の試写室で毎日三本も四本も映画を見た。新聞に批評を書く。商業学校のときに見たことが役に立った。京都の撮影所でスターにインタビューする。すべての映画館に出入りできるパスを持った。夢のようなあこがれを手にした。

これで、私は給料をもらう。これは「働き」に当たる。楽しかったか。否《いな》である。だんだんと苦しくなった。一日に何本もの映画を見るのはしんどい。書く以上は社会に責任がある。いい加減なことは書けない。映画を見ることは同じである。だが、「遊び」で見るときは楽しく、「働き」で見るときはつらい。映画を見ること自体は、そのどちらとも言えないと分かった。自由のときは楽しく、義務になるとつらいのである。私は映画記者を間もなくやめ、そのあとは以前のように映画を見に行かなくなった。

その後、私は男女百人の手仕事の職人にインタビューして新聞に連載した。そこで分かったことがある。そのほとんどは初め職人になるのがいやだった。昔の修業はつらかった。何度やめようとしたことか。ところが、三年も五年も修業して仕事がうまくやれるようになった。仕事中は苦しいが、仕上げたときの無上のうれしさ。これが本物である。楽しく、遊ぶようにできる仕事はない。

仕事をちゃんとできない内から、遊ぶような「働き」を求めるのは間違っている。そんなものはない。仕事が楽しくて楽しくて仕方がないというのは、本物のプロとは言えない。すぐに仕事や会社をやめる人は、いつまで経《た》っても仕事の本当の喜びを見つけられないだろう。初めから、自分に合う仕事なんかないのである。

大阪人中の大阪人

小説家織田作之助《さくのすけ》こそが、大阪人中の大阪人である。作之助は一九一三年（大正二年）に大阪で生まれ、大阪で育ち、大阪を書いて名を成した。

文学を志して東京へ行き、同人雑誌に次々に作品を発表したが認められない。このとき、はたと悟った。余計な観念や虚飾を捨て、自分とその周囲を見たままに書けばいいのだ。大阪に帰り、自分が育った大阪上汐町《うえしお》の人と街を小説にして行く。かくて、次姉の半生を描いた『夫婦善哉《めおとぜんざい》』で「文芸推薦」を受けて、世に出た。満二十六歳であった。

ところが、たちまち東京の文壇にこっぴどくたたかれる。思想がない、社会性がない、若いくせに下世話にたけている、汚い、悪達者、職人根性などと、である。彼はその時はっきりと大阪人を意識した。これ以来、自分の文学が大阪的であると強調し始めた。

彼が東京に反発した論拠の第一が、思想の問題である。大阪人は特定の観念やイデオロギーを持たない。生きている人間の現実そのものを大事にする。東京との大きな違いである。

もう一つ、彼が東京にかみついたのは、その権威主義に対してである。あの作品の中の大阪的なものが、東京の文芸批評家の神経にふれた。東京がえらいのである。だが、日本中が東京の権威にひれ伏す中で、大阪だけはその権威に従わず、東京と対立する。従わないのは、他に京都があるだけである。しかし、京都は内心で思っているだけで、表には出さない。「東京が何んや」としりをまくるのは大阪だけである。作之助はその代表選手になった。

戦争は深まった。彼の作品はしばしば検閲にひっかかる。とうとう発表できなくなった。だが、決してへこたれない。「工夫に富める大阪人や」と称し、歴史小説に活路を見つけ、ラジオドラマや映画に転進する。戦争にいっさい迎合しない。楽観的でねばり強く、才覚と機転が利《き》く。いかにも大阪的である。

織田作之助

戦争が終わった。作之助はたちまち流行作家になった。戦後の混乱した大阪をありのままに書いたのが、『世相』である。志賀直哉《なおや》がこれを読んで「不潔だ」と言ってその雑誌を縁側に投げ捨てた。志賀は東京、いや日本文壇の最高権威で、小説の神様と言われていた。東京の連中はしり馬に乗って、作之助の悪口をまきちらす。

東京の読売新聞に『土曜夫人』を連載するために、東京に乗り込んだ。最後に評論『可能性の文学』を書く。志賀に代表される私小説を徹底的にたたいた。志賀、いや東京に対する爆弾である。

書き上げたその夜に、彼は銀座裏の旅館で大喀血《かっけつ》をする。肺結核が進行していた。寝台車で運ばれたが、入院する東京病院の東京の名がいやだと、彼は駄々をこねた。こうして、一九四七年(昭和二十二年)一月十日に死んだ。満三十三歳だった。知らせを聞いた大阪の友人は「東京のやつらに殺された」と叫んだ。

大阪は住みにくいか

大阪は豊かで住みやすいかという指標では、全国四十七都道府県で下から三番目、つまり四十五位になっている。下は沖縄と埼玉しかない。経済企画庁が毎年発表している「新国民生活指標」の結果である。「豊かさの指標」ともいう。

六年連続最下位の埼玉県ではたまりかねて、知事が記者会見し、こんな調査に何んの意味があるかとかみついた。

五年連続の一位が福井県である。ほんまかな、と私は思う。若いころ、私は四年も福井市に住んでいた。雨が多くて、晴れていても傘を持ち歩く。赴任すると、真っ先に長靴を手に入れた。必需品であった。これなしに、冬のどろんこ雪道は歩けない。冬には野菜がない。で、積雪の下に埋めておく白菜ばかりを食べる。魚といえば、いつもサバである。ただ、カニと甘エビがたっぷり食べられることぐらいが楽しみだった。いまここで、福井の悪口を並べたいのではない。だが、福井がそんなに住みよい土地とはとても言えない。一日も早く、大阪へ帰りたかった。

現に、昨一九九七年（平成九年）に福井商工会議所がやった「転入者から見た豊かさ実感調査」では、六割の人が福井にずっと住みたいとは思わない、と答えている。指標と実感に大きなズレがあるのは間違いない。

この指標は、各省庁が発表した百四十四のデータを使っている。これには人間の生活に最も大きな影響がある天候が入っていない。だから、二位が石川、三位が長野、四位が山梨、五位が富山と、季候の悪い北国が多く上位にある。例えば、長寿番付で上位を占めるのは、東海道、山陽の新幹線以南の府県に決まっている。これこそが、生きやすさ、住みやすさの指標ではないだろうか。

この経済企画庁の指標は、全体に地方が上位を占め、都市圏が下位になっている。持ち家の比率や一人あたりの畳数が少ないのは当たり前である。ところが、上位に地方が並ぶ中で、東京だけが七位になっている。これは、学校とか博物館とか病院などの文化施設の数がものをいうからだと思われる。なるほど、東京は優位である。

私の帝塚山《てづかやま》学院大学がある大阪狭山《さやま》市が、ダイヤモンド社の「都市の暮らしやすさランキング」の十六位である。大阪府の市町村の中で五十位内に入っているのは、大阪狭山市だけである。小さい市が幸いして、下水道普及率が一〇〇%近いなどのためだが、うちと近畿《きんき》大学医学部と大学が二つもあるのも点を稼いでいるらしい。だからといって、すぐ隣の市が非文化的というわけでもないだろう。

とにかく、考えれば考えるほどこんな指標は意味がない。もともと、個人によって大きく違う「豊かさ」を一定のデータだけで決めようとするのが間違っている。大阪の人は埼玉と違い、こんなことをあまり気にしていない。勝手にやっとれや、という感じである。これが、いかにも大阪らしい。

この「新国民生活指標」には批判が寄せられた結果、二〇〇〇年（平成十二年）から廃止された。

目立ちたがり屋

道頓堀《どうとんぼり》名物のグリコの巨大広告塔がこの一九九八年（平成十年）七月六日に復活した。これは五代目に当たる。先代までは「一粒三百メートル」をキャッチ・フレーズにして陸上競技場でランナーがゴールインする姿であった。こんどのランナーは大阪城や大阪ドーム、海遊館、通天閣の新旧の大阪名所をひた走りに走る姿になっている。再び、この広告塔が大阪のシンボルになるだろう。

新しい広告塔の高さは二十メートルで、前のよりも三メートルも高くなった。日没の三十分前から夜中の十二時まで、ネオンが点灯される。背景の空の色が、朝は赤、昼はスカイブルー、夕方は赤、夜は濃い紺色と刻々と変わる。これは、大阪の町の一日を表している。ネオンの管を五千五百本も使っている。キャッチ・フレーズは「一粒三百メ

遠くからでも目立ってます

まさに大阪の〝看板〟

眼もちゃんと動く！

五輪招致失敗を慰める「くいだおれ太郎」

ートル」から「おいしさと健康」と、現代風でやや平凡なのに変わった。

この広告塔のある改築された複合ビルは地上八階、地下二階建てで、一階には大阪府警南署の戎橋《えびす》交番が入る。

道頓堀の戎橋は、大阪の名所である。一名、ひっかけ橋と呼ぶ。ここで軟派を張るからである。人びと、とくに若者が群れ集まる。何か解放感がある。大阪でいまの先端の風俗は、アメリカ村とこの戎橋かいわいで見られる。道頓堀通りには、巨大看板がその派手さを競っている。目立つが勝ちである。このPRの強烈さが大阪商法を見せつける。くいだおれの人形、かに道楽のかに、づぼらやのフグの大看板が道頓堀の看板の御三家である。その後さらに、巨大看板が次々に登場している。

この広告戦争のルーツがグリコの広告塔だった。一九三五年（昭和十年）に、この場所に初代のネオン塔を建て、大阪中をびっくりさせた。何しろ、高さが三十三メートルもある。こんどのが二十メートルだから、いかに高かったかが分かる。

グリコだけではない。サントリーは一九二二年（大正十一年）に美人ヌード写真のポスターをつくり、世間をあっと言わせた。ときに、ヌードのポスターは日本にまだなかった。グリコが「一粒三百メートル」のキャッチ・フレーズとランナーのゴールインの雄姿をトレード・マークにしたのは、一九二一年（大正十年）と実に早かった。一粒を食べると、四十キロの体重の人が三百メートルを走れるカロリーがあるという。端的で具体的でいかにも大阪らしい。

広告は人びとの話題にならなければ駄目だというのが、現代の広告の鉄則だが、大阪は早くも六十年も七十年も前から、それを知っていて、しかも実行している。

大阪人は目立ちたがり屋である。広告ばかりではない。言葉にしても、ファッションにしても、それが証明できる。目立たないと競争に負ける。そして、そんなことへの恥じらいが薄い。

W杯騒ぎ一件落着

やれやれ、サッカーのW杯フランス大会が終わった。

とにかく大変だった。日ごろ、サッカーにあまり熱心でない私までも関心を寄せることになった。一九九八年（平成十年）六月二十日夜の対クロアチア戦をNHKテレビで見た所帯が関西で五二・三％、関東で六〇・九％に上った。紅白歌合戦に匹敵する視聴率である。同二十六日夜の対ジャマイカ戦は、関西が五一・一％、関東が五二・三％であった。

この騒ぎのわけは何んやねん。まず第一にマスコミがあおりにあおった。一勝一敗一引き分けで、決勝トーナメントに進みたい。もしかしたらその可能性がある。いや、いけそうだ。いける。絶対にいける。こんなにエスカレートして行く。これにすっかり乗せられてしまった。これがスポーツだからいいものの、政治に利用されたら怖い。日中戦争や太平洋戦争はこうして起こったのである。

サッカーW杯はナショナリズムをかき立てる。オリンピックはまだ主として個人の競技だが、W杯は国が単位である。その勝敗はそれぞれの国民を熱狂させる。このナショナリズムをスポーツで消化してしまうのはいいことだ。近ごろの騒乱や差別は民族主義から多く起こるが、ゴールの喜びに白人と黒人が抱き合っているのを見るのは勝敗よりも感動的である。南アフリカのチームは人種統合の夢をかなえた。敵対するアメリカとイランのゲームが実現した。

日ごろあまり熱心でない人まで動員したのは、サッカーが実に単純明快なゲームだからでもある。まだ十分に理解できないのはオフサイドぐらいである。日本チームの試合開始が日本時間の夜十時から十一時というのもテレビにかじりつかせた。マスコミがはやすほどではないが、いま日本は暗い。で、何かそれを忘れて熱中するものがほしかったとも言える。

さて、日本は三戦全敗して国民をがっかりさせた。守備に比較的強いが、攻めが弱い。日本は組織を大事にする。みんなでやろう。これが日本の国民性である。これだけでは勝てない。一人の突出した選手がドリブルで突進する場面は日本チームにはあまりない。やはり、ヨーロッパや南アメリカとは違う。弱いのは日本だけではない。W杯に五回も出た韓国もまだ一勝もしていない。今回もアジアの国はすべて予選で敗退した。

みんなテレビで見た。大勢のサポーターが遠くフランスへ出かけた。だまされて入場券が手に入らず、高い金を巻き上げられたり実際にゲームを見られなかった人もいた。そして、みな負けた。しかし、日本人はおとなしい。よその国のように、熱狂のあげく死傷者や逮捕者が続出することはなかった。

岡田武史《たけし》監督の三浦カズを切った処置とその後の態度は、日本人には中々できないことである。感心した。ついでに、岡田さんは大阪生まれで、わが帝塚山《てづかやま》学院小学部の出身である。

改革とは一体何んや

いまや、改革の大合唱である。先ごろの参議院議員選挙でも、改革を叫ばない政党はなかった。そんなら、すぐにでも政治、行政、経済の改革ができそうなものである。しかし、恐らく実効のある改革はほとんどできないであろう。

戦後に農地改革というのがあった。これはアメリカ占領軍総司令官マッカーサーの命令でできた。もちろん、抵抗するものがいた。が、軍事力にはどうすることもできなかった。明治維新でも、外圧によって改革が進行した。日本という国は自力で改革することが中々できない。一番大きな改革は革命である。これは暴力と血によって成し遂げられることが多い。これほどに、改革には強い力、つまりリーダーシップが要る。橋本龍太郎《りゅうたろう》首相は改革のため火だるまになると言った。しかし、ならなかった。改革を主導する者は、多数の支持を失って次の改選で落ちるくらいでなければ、本当に改革したとは言えない。

改革とは、一体何んやねん。いまの体制というか成り立ちというか、とにかく現状を改めることである。現体制では自分に不利になっている人びとから声が上がる。いまの日本には、改革の声が満ち満ちているように見える。しかし、本当はそうではない。現体制でいい思いをしている人が、半分以上いるかも知れない。このままでいいならば、やって来た通りにしているのがいちばん楽であり得である。そこに安住していたい。それが人間の本能である。体制側の自由民主党に投票がいつもいちばん多いのは、そのためである。だから、体制は長く維持されて来た。改革、改革とやかましいときは、この人たちは声を潜めている。何も言わない。だから、すべての人が改革を求めているように見える。

いよいよ、改革が実現されそうになる。すると、彼らは動き始める。しかし、自分に有利な現状を守ろうという本音は外に出さない。ほかの建前を言い立てる。物事には一〇〇%いいというものは存在しない。きっと欠点がある。改革のその欠点を過大に言いつのる。行政改革で、省庁の官僚や族議員は水面下ですさまじい抵抗をした。今後もする。一方、改革賛成派は改革のいい点ばかりを触れ回る。痛みをできるだけ隠す。両者はかみ合わない。

現状に不満な人びとが改革を唱えるのだが、彼らは改革さえすれば、自分によくなると思い込む。しかし、それは錯覚である。支持した人のすべてが満足するような改革はない。それだから、革命が成功してもそれを推進した側がきっと分裂したり、反革命が起こったりする。

さて大阪だが、損得に敏感で、建前よりも本音をむき出しにし、体制の本拠の東京に食ってかかるのを見ると、これこそ改革の条件が整っている。改革は大阪から。

電車の中の心理学

電車の始発駅でドアが開き、乗客が車内に入る。ロングシートである。観察しよう。ほとんどはシートの端に座をとり、まず前後の四隅がふさがる。何んでやろ。第一にひじを掛けてもたれられる。もう一つの効用は、隣の人との接触が片方だけですむことである。

四隅がふさがると、次の人はシートの真ん中に座る。その次は真ん中と隅との間の真ん中に座る。これが定型である。最初から隣人とくっつかないようにする。こうして、だんだんと詰まって来る。

こういうやり方で詰まるから、どうしても何人掛けというシートの定員にならない。その上、横のすき間にかばんや荷物を置く。前に立つ人が増えて来る。そのときに、座っている人たちはどうするか。立つ側が言う前に気づいて詰め合うことがある。これはごく少数である。立っている人が、「ちょっと詰めて下さい」と頼む。このとき、座っていた人の態度が分かれる。その一つは「ああ、すみません」と言って、詰める。その二は、黙って詰める。これが標準である。その三は、顔をしかめて上半身を少し動かすふりをする。しかし、肝心の腰は全く動かさず、詰めていない。その四は、かばんをひざの上にしぶしぶ移すが、頼んだ人をちらりちらりとにらみつける。その五は、言われた瞬間に当てつけにがばと激しく立ち上がってどこかへ行く。あなたはこの中のどれですか。

詰め合って一人が座る。前でつり革を持って立ったままの多くの人たちの心理が、このときどう変化するか。すき間を空け、かばんを置いていた人を責める気を絶対に起こさない。いや、座った人の厚かましさをなじる気持ちになる。ねたみの感情である。

ぎっしり詰んでいて、一人が立ち下車することがある。すると、隣の人は必ず体をずらして、ゆとりを取る。これは人間の本能かも知れない。すると、空間が狭まる。そこへ人が来る。また体を元へ戻さねばならない。面白くない顔になる。

新聞を広げていると、隣からのぞき込む人がいる。読めるわけはないが、見出しでも気になって仕方がないのかも知れない。それを察した新聞の所有者がわざと見せないようにする。こんなユーモラスな光景がある。無意識な所有欲だろう。もしかしたら、紙面に恥ずかしいヌード写真でもあるのか。

やや空《す》いているとき、走る車内を前へ前へ、あるいは後へ後へと行列をつくって歩いて行く。あるドアの前に人がかたまる。降りてから自分の出る改札口に一番近い位置にいたいからである。一刻も早くという気持ちで、いらちの大阪人に多いのではないか。

阪急は梅田から十三《じゅうそう》まで、南海は難波から岸里玉出《きしのさとたまで》までは同方向へ電車が並んで走るときがある。抜きつ抜かれつとなる。見ているうちに、こちらが抜いたら何かうれしく、抜かれたら悔しくなる。子どもだけではない。大人もなのである。おかしなものである。

帽子の話

駅前でビラやティッシュを配っている。私の番になると、ひょいと手を引っ込める。年寄りは購買力がないと考えているらしい。別に欲しいわけではないが、そう露骨にされると面白くない。ところが、ある日、向こうの方から私をめがけて走って来た。不思議に思ってビラを受け取ったら、アデランスの広告だった。私は不審に思った。だって、そのときは帽子をかぶっていたのである。なぜ、中身が分かるのか。友人にそのことを話したら、きょうびは男で帽子をかぶっているのは髪の薄い人に決まっていると笑われた。

これは、生粋の大阪人ならだれでも持っている私の小話の中の一つである。大阪人は自分を平気でおとしめる。

大戦後、日本の男は急に帽子をかぶらないようになった。これはアメリカン・スタイルの影響のようである。紳士帽の専門店が、ほぼ姿を消した。デパートの紳士帽売り場はわずかなケースだけである。しかも、スポーツ帽が幅をきかせている。中折れや山高帽などをかぶって歩いていると、珍しいと人が振り返る。

私は帽子の収集をしている。いや、私には必需品である。暑さ寒さだけでなく、何か落下して来たとき髪の防御がないからじかに当たる。現役の帽子も夏冬合わせて三十は下らない。朝、きょうは何にしようかと選択するのが楽しい。海外旅行をしても土産物はまず買わない。帽子を集める。フランスではパリのデパートでハンティング・ベレーを買った。小さいのしか並んでなくて大きいのを持ってこさせたのだが、シャポーの一語だけでよく買い物ができたものである。インドネシアのジャカルタで、ど派手な帽子を買うか買うまいかと迷っていると、同行していた庄野英二さんが、まるでチンドン屋だと顔をしかめたのでやめにした。

バチカンのサン・ピエトロ聖堂で、帽子を脱ぐようにと、監視人に注意を受けた。そこでは肌をさらしてはいけないらしい。前の若い女性が肩のあたりを見せていて、注意されてハンカチでごまかしていた。私が帽子を脱げば神に肌を見せることにならないか、と反論したかったが、やめて帽子を脱いだ。言葉がしゃべれない。

ロンドンのウエストミンスター寺院でも注意を受けた。以後、室内に入るときはきっと妻がつっ突いた。

あるとき、街で日ごろ親しい人と出会った。目を合わせた。こちらが会釈《えしやく》しようとすると、あらら、彼はさっとすれ違って行ってしまった。人違いのはずがない。やっと思い当たった。私が帽子をかぶっていたからである。別人に見えたらしい。

紳士帽は衰退したが、婦人帽ははやっている。不思議な現象である。女性は帽子がなくても髪が多いはずである。その婦人帽は室内でも脱がなくてもいいことになっている。男は絶対に脱がなくてはならない。これは男女差別ではないか。

仏と神の正体Ⅰ

お盆である。仏や神とは何かを、もう一度考えてみよう。

まず初めにいう。この世に仏も神も存在しない。寺にあるのは仏像である。教会のは十字架である。神社は鏡か何んかだろう。もしあるとすれば、神仏は人間の心の中にあり、人間が作ったものである。江戸時代にすでに山片蟠桃《やまがたばんとう》は「地獄なし極楽もなし我もなし／ただ有る物は人と万物／神仏《かみほとけ》化け物もなし世の中に／奇妙不思議の事はなおなし」と見破った。彼は大阪の人である。

では、人間はなぜ神仏を作ったのか。なぜ必要だったのか。

生きてゆく人間には、いろんな苦難がある。病気、貧乏、老い、離別、倒産、失業など、それは無数にある。四苦の生老病死を、昔はすべて神仏に救いを求めた。そのために神仏は必要だった。近代になると、科学は進歩し福祉は増進した。前代に比べて神仏の影が薄くなったのは、このためである。しかし、それには限界がある。

もしもすべてが解決して、苦しみがなくなったとする。しかし、絶対にできないことがある。それは、死を免れることである。人間にとって究極の恐怖は、死である。幾らかは延ばせても、死は必ずやって来る。よく考えてほしい。ぱっと自分がこの世に居なくなってしまう。これは思えば思うほど、本当に怖い。

死とは何か。その本人にとっては、意識が永遠になくなってしまうことである。眠りに入って行くのと同じである。眠りが怖くないのは、また目覚めることが決まっているからである。

人間はこの究極の恐怖からどうしても逃れたい。死を止めることはできない。そこで、眠りから覚めるように、死んだのちに生き返ると思い込むことにした。釈迦《しやか》もキリストも、同じことを考えついた。この世界の二大宗教は、その上に築かれている。もし生き返るならば、死は怖くない。眠りにつくようなものである。生き返ることを、仏教では輪廻転生《りんねてんしよう》といい、キリスト教は復活と呼ぶ。もちろん、虚構である。うそである。

うそだからと、疑っては死の恐怖から救われない。だから、神仏のいうことは、どんなことも信じなければ宗教は成り立たない。信じる者が救われる。新約聖書に「主言いたもう、我はよみがえりなり、我を信ずるものは死ぬとも生きん」とある。法然《ほうねん》や親鸞《しんらん》は「ただひたすらに阿弥陀仏《あみだぶつ》を信じ、南無《なむ》阿弥陀仏を唱えれば人は往生できる」と説いた。往生とは、来世には極楽に生き返ることである。

神仏はいないが、この世にはその代理人がいる。自分が神仏と称するのは、すでにインチキである。彼らが神仏の心を伝える。だから、信者はその人のいうことをすべて信じなければならない。ここに宗教の危うさがある。彼らがオウム真理教の麻原彰晃《しょうこう》のように邪悪な人間であると、悲惨なことになる。

仏と神の正体Ⅱ

死んでも生き返るのを信じることによって、死の恐怖から救われる。それは分かった。さて、どう生き返るのかを知りたい。肉体は焼かれるのを見ている。大衆には、そんな疑問が残る。そこで、霊とか霊魂とかを考え出した。むろん、虚構である。心は肉体に宿るものだから、肉体がなくなれば消滅する。死んだ人の霊魂を見た人がいるとすれば、その人がそう思っただけである。

では、どういう場所に生き返るのか。これも分からないと信じられないことになる。仏教では浄土つまり極楽とか、キリスト教では天国などをつくった。黄泉《よみ》の国とか冥途《めいど》とか墓場の下を意味する草葉の陰などがある。みな、虚構である。

苦しみは死だけでは、むろんない。この世は、苦しみに満ちている。苦しみは、煩悩《ぼんのう》から生まれる。人間は苦しみから免れることはできない。そこで、仏教は苦行には功徳《くどく》があり、キリスト教は苦は神に与えられた試練であると教える。そう思い込むことで、苦を苦痛としないで済む。苦しみも幸せも、定まった物差しはない。人によっても違う。その心理を神仏は利用している。

もう一つの問題がある。人間は欲望にまみれ、エゴを持つ動物である。煩悩と呼ぶ。だから、人はともすれば悪行を重ねる。それが人びとの平穏を壊す。どうすれば、少しでも悪行をやめさせることができるか。これも解決しなければならない問題だった。

そこで、因果応報という思想が生み出された。善行を積めば、次の世に生まれ変わるときに、仏教では極楽に、キリスト教では天国へ行ける。悪事を重ねれば、地獄に落ちる。大衆にこう教えた。

極楽に往生するには、悪事をせずに善行を積まねばならない。悪事の因である煩悩を断つために修行することを説いた。解脱《げだつ》というのは、修行して煩悩から解き放たれることを意味する。しかし、完全に解脱できる人はまれである。

邪教は信者がひたすら信じるのを利用し、財産をかすめ取り、果ては人殺しまでもやらせることになる。ひどい仕打ちをしながら、幸せと思えと強制する。信仰すれば、病気が治り金がもうかるというのも、もちろんうそである。まだ科学はすべてのことを解明していないから、不思議なことは幾らもある。だが、自然の法則に反することはできない。万有引力の法則は厳然としてあり、質量あるすべての物体は必ず落下する。だから、空中浮遊はうそである。

神仏の持つ矛盾や本物かどうかを見破れるのは、近代の知性である。そこに近代人の苦悩と悲劇がある。近代の思想は、疑うことから始まる。しかし、疑ったら神仏の存在を信じることができない。だから、死の恐怖にも正面から当たらねばならない。近世までは、人びとは神仏をただ信じていた。実は、その方が人間にとっては幸せだったかも知れない。

女と仕事

以前、ある高名な女性評論家がテレビで「女性が働き出してせいぜい五十年」というのを聞いて、驚いたことがある。それは誤っている。女性が職業を持って五十年のことだろう、と思う。つまり、その評論家が家事や家業を女の仕事と認めていないからである。女性の有識者やキャリア・ウーマンはそういう意識を持っている。反対に、自分は仕事もせずにいるとコンプレックスにさいなまれている主婦も少なくない。それは大いに間違っている。何んでやねん。

女性は人類始まって以来、働いて来た。働いていないのは、一にぎりの上流階級の女性たちだけであった。古代の『源氏物語』に登場する人たち、江戸時代の幕府の大奥の人たちである。歴史にはこういう人たちがよく出て来るから、錯覚しては間違う。

例えば、江戸時代は士・農・工・商と身分が分かれていた。それらの女性たちはどうだったか。全体の八割は農民である。農家は男も女も働く。いや、同じように農事をした上、家に帰って家事や育児をせねばならない。男以上に忙しく働いていた。工というのは職人のことである。男が家で仕事をする場合は、それぞれ男女に合う仕事を分担し、また仕事の準備を受け持った。商売は女も一緒にした。呉服屋など女物を商う店は、女の方が主役だった。小商売は男も女もないが、大店《おおだな》も御寮人が奉公人の世話や取り締まりをした。それらを家業という。武士も下級の者が多いのだが、みな女が主になって内職をした。女性も多くは働いていたのである。

女性の仕事には三つの種類がある。家事と家業と職業である。明治になって職住が次第に分離し、男性だけが家を離れて通勤し出した。そこで初めて家事専業の女性が多くなって、主婦という言葉が生まれた。また例えば、家で機織《はた》りをしていたのが、紡績工場ができて外へ通勤するように、家業も職業に変化する。こうして大正になると、女性も家から出かけて仕事をすることが増えて来た。これが女性の職業である。昭和の戦後には、それがいよいよ広がった。しかし、家事も家業も、女性の仕事である。

これらの三つの仕事はどう違うのか。家事と家業は、まず家にいる。職業は家から外へ出る。女性評論家が女性が家から出ることを重く見るのは、家族制度のもとで女性が長く苦しんだ残影である。もう一つ、家事と家業には報酬がない。夫や親からもらっても、小遣い程度である。職業は自分の名で金が入る。この違いは大きい。それは女性の経済的自立につながる。

育児は家事の内である。一方、保母の仕事は職業である。育児は家にいて、保母は外に出る。育児は無報酬で、保母は給料がもらえる。それらは、子どもを育てることでは共通している。社会のためになる点でも同じである。この二つの仕事に貴賤《きせん》はない。

くり返しの時代

テレビの時代である。テレビは、人間の日常に大きな影響を与えている。そのテレビの目立った特性の一つは、くり返しである。いまや、くり返しの時代と言える。

試しに、朝六時から八時十五分までのNHKテレビを見れば分かる。「おはよう日本」という報道番組である。その間に、同じニュースを三回も四回もくり返す。同じ原稿を読むだけである。中継物は全国中継とローカルの時間に、ほぼ同じことを流す。

私は長く新聞記者をしていたが、同じような記事が社会面と地方版に出ると、始末書を書かねばならなかった。厳禁だった。が、テレビはくり返しが当たり前なのである。そこが新聞と違う。

このテレビのくり返しは、手抜きとも言えない。放送中に、テレビの前にいなかった人は何も見られない。朝なら、途中で起きて来る人がいるかも知れない。途中で外へ出かける人がいるかも知れない。だから、何べん放送してもいいことになる。

すぐVTRにまとめるのも、テレビの得意技である。なるほど、いま起こっている事件や問題のいきさつを忘れている場合があるから、便利である。しかし、度が過ぎると逆効果になる。山一証券の当時の社長が泣いて訴える場面を何十回も見せられると、白けてしまう。出るぞ出るぞと見ていると、きっと出る。また、例えばTBS－毎日系で一九九八年（平成十年）七月に放送した「報道特集」は変だった。自民党総裁選挙の三候補者を折角集めながら、例によってVTRを流す。総裁選のいきさつを、見る方は知り尽くしている。案の定、時間が足らず、ろくな突っ込みができないで終わった。VTR病である。

ＮＴＶ－読売系は、巨人の松井がホームランを打とうものなら、何回も何回もフラッシュ・バックをやる。視聴者に激しい心理的緊張を与えようとしている。

テレビのコマーシャルは、いくらよくできていても、何回も何回も大量に流さなければ効果がない。

反復して人間の感覚に強く訴えると、何んでもない問題がとんでもない異常な効果をもたらす。ある意味では怖い。問題の本質をゆがめて伝える。見る方はこのことをよく心得ていた方がよい。

テレビだけでない。おしゃべりや長電話がはびこる世相である。話題はそんなに多くあるわけではない。だから、同じことを反復して話している。自分の言うことを強調するためにも、くり返す。いま受けている吉本新喜劇は、同じギャグや決まり言葉を、これでもかこれでもかと平気でくり返す。お客は、むしろこの反復を楽しんでいる。しかし、いつか飽きるだろう。

最後にご注意。聞いている者からすると、同じことを二度聞くまでは抵抗があまりない。しかし、三度も聞くとうんざりする。この心理はよく知っておいた方がいい。

監督責任論の行方

プロ野球のペナントレースも、大詰めに近づいた。そろそろ、監督の責任論がやかましくなる。ことし一九九八年（平成十年）は、まず最下位の阪神とロッテがやり玉に上がるだろう。成績の悪い球団は、監督が首になる。一方、人気のあるスター選手はどんな成績でも、まず辞めさせられない。

監督がやれると思って選手を起用する。その打者が三振し、投手が打たれる。その場合、監督の責任は零《ゼロ》ではない。しかし、本当はその選手の方が悪いのではないか。

阪神の吉田義男《よしだよしお》監督は、どうすることもできない。もともと、豊富な手ごまを与えられていない。十二球団で年俸総額が最下位で、巨人の五八％弱しかない。そのすぐ上の十一位がロッテである。年俸は原則として過去の成績と実力に対して払われている。吉田監督は半分の力の手勢で、巨人と戦わねばならない。最下位の年俸で成績が最下位になって、監督に責任を負わせるのは酷というものである。吉田の采配《さいはい》ミスのために負けたゲームはわずかである。いや、それも起用された選手が結局はふがいなかったためで

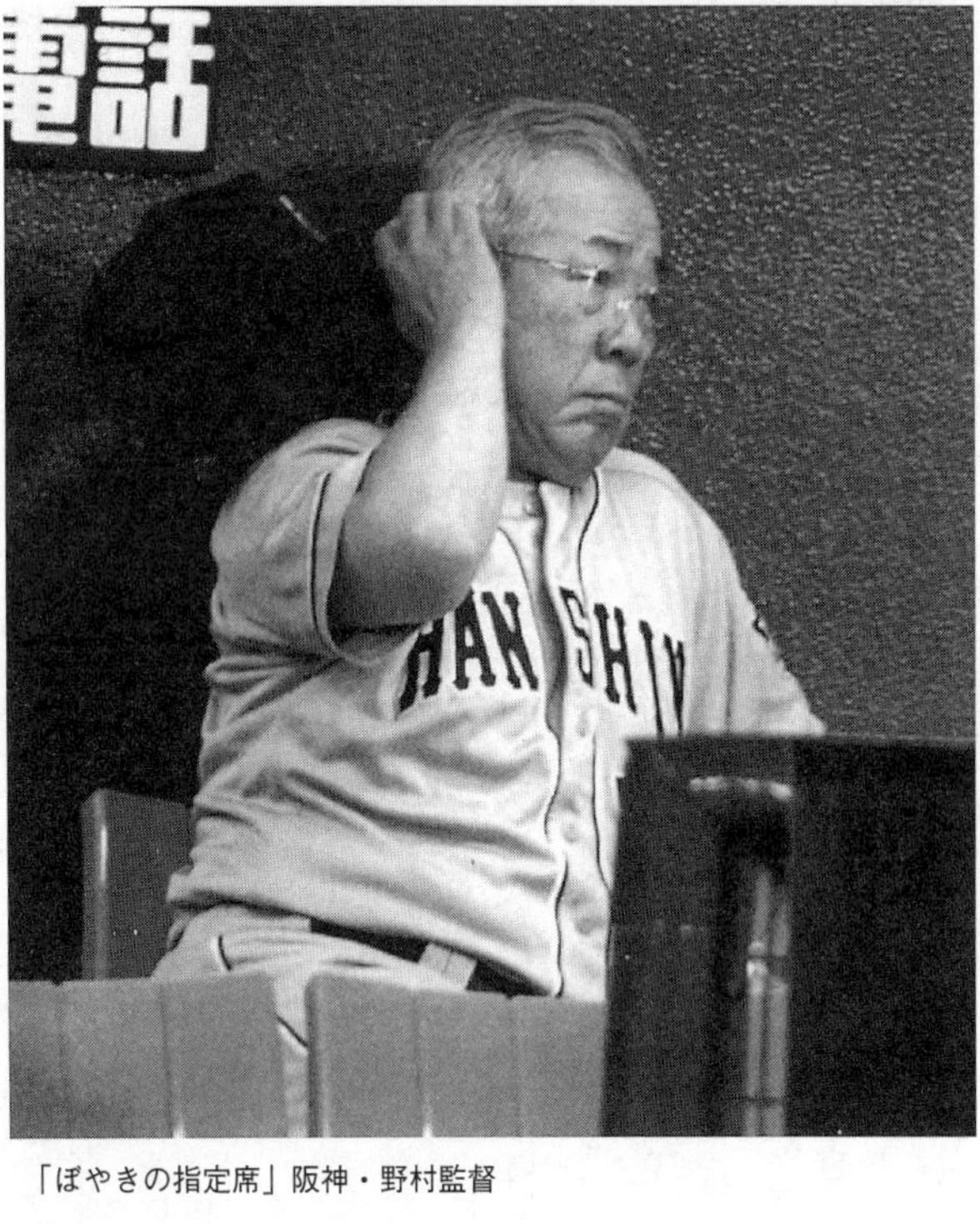

「ぼやきの指定席」阪神・野村監督

ある。球団全体に責任がある。しかし、選手たちの監督への悪口がスポーツ新聞をにぎわす。これが、以前の阪神球団の体質であった。

選手を起用するのが監督の責任なら、そんな監督を選んだフロントの責任はどうなるのだろう。また、監督の期待にこたえられなかった選手が安泰なのも道理に合わない。これは監督は簡単に取り替えられるが、力と人気のある選手は手放せないためである。

そうなると、巨人の長嶋茂雄監督の罪は大きい。年俸総額からみて十二球団で突出した選手層を抱えながら、ことしも優勝すらできないようである。でたらめなリリーフ投手起用、他チームの四番打者さえそろえれば打てるという盲信などが挙げられる。

サッカーW杯の日本チームの岡田武史《たけし》監督は、三戦して全敗だった。結局は任期切れで辞めたけれども、そんなに大きな非難はなかった。日本選手の実力のほどが分かったからである。

日本の社会では、部下が不始末をしでかしたら上司が責任を取って処分される。部下がさぼって営業成績が上がらなかったら、彼らは上司の悪口を言いふらして上司は左遷《させん》される。もちろん、上司の悪い場合も少なくない。しかし、上司は部下を自分で選ぶことができない。あてがいぶちである。それでいて、責任を取らされる。

橋本龍太郎《りゅうたろう》前首相は、「すべては私の責任だ」と言って辞めた。もちろん、重大な責任を負うてもらわないと困る。しかし、すべてではない。今日の事態のもとはバブルにある。そのバブルで大もうけした不動産業者もいる。そこへ、いい加減に巨額の融資をした銀行マンもいる。それを隠すのに手を貸した大蔵官僚もいる。いや、業者だけでない。あのころ、土地や家を高く売った普通の人たちも同じである。そういう人たちからの責任の声は、全く聞こえて来ない。

結局、阪神吉田(年俸十二位)、ロッテ近藤(同十一位)、ヤクルト野村(同八位)、広島三村(同六位)の四監督が一九九八年度の成績不振で辞め、巨人長嶋(同一位)が居座った。

葬式のこのごろ

秋の彼岸がやって来る。彼岸とは河の向こう岸で、生死の海を渡って到達する終局の世界を意味する。死後の世界である。

近ごろ、新聞の死亡記事にこんな文がつけられていることがよく目につくようになった。故人の遺志により葬儀・告別式は行わず、×月×日午後×時から×××で、しのぶ会を開く。つまり、葬式はやりませんから来ないで下さい、お別れをしたい人はしのぶ会にお願いします、ということである。ところが、この後段のしのぶ会の詳細が死亡記事には間に合わないことが多い。

大して死者を悼《いた》んでいない人まで義理で葬式に来てもらうことはない、親しい人だけに見送られてあの世へ行きたい。これはもっともなことで、その人の最後の美学でもある。

ところが、友人知人がはたと困る。これではお別れをしたい気持ちの行きどころがない。で、お宅へうかがい霊前に手を合わす。奥様と生前の話をする。これが時間を定めず、のべつ幕なしにやって来る。そのたびに、奥様は相手をする。死への経過を何十遍もくり返さねばならない。とうとう奥様が倒れられたという話もある。

これが葬式なら一遍ですんでしまう。やはり、葬式はやった方がよい。それで、すべてが片づく。物事は、世俗に即した方が楽なようである。そう考えるのは、大阪人の合理主義かも知れない。

しのぶ会は、別の形の葬式である。しかし、死亡記事とともに出ないと意味が薄れる。何日かして新聞に出ても、小さくてつい見逃す。だから、弔問客がやって来る。

香典を謝絶する葬式が増えて来た。いい傾向である。死者に金を持って行く習わしは何んだろう。悲しみの式場の一隅で札を数えている風景は、やはりおかしい。しかも、お返しをせねばならない。これが遺族の頭痛の種になる。

香典を断るなら、花輪や樒《しきみ》の類《たぐい》も辞退すべきである。花は、名札がなくてもいい場合のみいただく。式場に人名は一切出さない。でかでかと名札を掲げ、死者を利用して名と肩書をコマーシャルしようというのは卑《いや》しい。それが死者の声望になるのか。

弔電の読み上げは、なぜか国会議員や市議会議員から始まる。わざわざ参列した人よりも電報一本の人の名を大事にする。しかも、故人と直接に知らなかった人でも優先される。

人の死は厳寒の冬、酷暑の夏に多くなる。折角来てくれた弔問客を長い間戸外に立たせたままの場合も、まだある。

遺影の写真がよくないことが少なくない。あわただしい中で、いい写真をよく探している暇がない。つい、そこらのを葬儀屋に渡してしまう。やはり、日ごろから用意しておく必要がある。

戒名も同様である。ありきたりで仰々しいのはいけない。簡潔で素朴なのがいい。私は、釈大晃と勝手に決めてある。

当世見苦しき人

あまりつれづれではないけれども、兼好法師のひそみに倣《なら》おう。この世に見苦しき者、七人あり。

一つには、正義面《づら》して他人のプライバシーを暴《あば》き立てる人。テレビのレポーターである。視聴者のげす根性をそそる以外に何んの意味もない。いけないのは、レポーター自身がテレビによく出るという理由でスター気取りであることである。インターホンにマイクを突きつけて、何か言わせようという職業にあこがれる若い人が出て来たのは困ったことである。

二つには、何も分かっていないのに、あれこれと一かどの社会評論をする人。テレビカメラの前に横並びした芸能人たちである。昔の床屋談議程度なのだが、これを日本中に聞かせるのだから、恐れ入る。困るのは、テレビが街頭で人に一言いわせると、そのいい加減な意見がそのまま出て来ることである。影響は小さくない。

三つには、電車やバスの中で席を譲られ、最後までがんこに座らない人。男の老人である。折角譲った若者が格好がつかず行き場がない。車内が白ける。若者はこれから人に席を譲らないだろう。やせ我慢は、むしろ見苦しい。有り難うと言って、あっさり座れ。

四つには、電車の中で鼻くそをほじくり、枝毛を飛ばす人。鼻くそはおじさんである。これは、やり出したら止まらない。一度止《や》めても、またやり出す。鼻から取り出すと、まず丸める。次に、それを一日ちらっと見る。ぽい捨てする。枝毛は若い女性である。長い髪をしきりにすく。枝毛を発見する。抜く。ぷいと飛ばす。毛は車内をふわりふわりと浮遊する。だれかの服に落ちる。

五つには、電車の中でけたたましい大声を出す人。まず、男女の中学生である。何人か群れをなしている場合に限る。男は騒ぎ、女は喚声を立てる。次ぎに、中年の男女である。女は、これも何人かの仲間がいるときである。男は、新幹線などの長距離列車の団体客が多い。やかましく騒々しい。携帯電話の規制を始めているのに、これらの方がずっとひどい。が、こっちは野放しである。

六つには、犬のふんを街にまき散らす人。折角きれいにした街を台なしにしてしまう。これが何日も残るから困る。犬を散歩させている人で、ちゃんと容器とはしを持っている者はごく少ない。愛犬家というのは、犬を愛して人間や街を汚す人のようである。

七つには、下手な歌を人に無理に聞かせる人。カラオケが大繁盛《はんじょう》である。これ自体は悪いことではない。しかし、ずいぶん下手な人も少なくない。ところが、カラオケは人に聞かせてこそ楽しい。すると、きっと被害者が出ることになる。昔、だんなが下手な浄瑠璃《じょうるり》を長々と語り、奉公人を困らせたのと似ている。このままでは、日本人の音感がおかしくならないかと心配である。

この七つのこと、いと見苦し。

イエスかノーか

近ごろ、大阪と東京が逆転した話がある。

東京と言えば江戸っ子である。しゃきしゃきとものを言う。これに対して、上方《かみがた》、つまり大阪や京都だが、言葉が実にあいまいである。イエスかノーかを、はっきりしない。ええい、じれったいと、ばかにされて来た。こんなことでは、これからの国際化時代にやって行けないと心配されている。

大阪言葉は元来あいまいなのが多い。「けったいな」という言葉がある。けったいな人はええ意味でないが、底にその人への親愛がこもる。「ややこしい」は、怪しいとか、うさん臭いとかを意味する。男女の仲や商売が傾くのを指すときは、わざと分かりにくくした。露骨に表現できない場合に使う。「あんじょう」は、うまく、都合よくなどに使う。広い意味を込め、ぼかし、どちらにでも取れるように話す。「ぼちぼち」は、少しずつを表す。「もうかりまっか」と問われ、もうかっているときに使う。税務署に聞こえてもいいように、ごまかす。「考えときまっさ」は人に頼まれて断るときに使う。やんわりと相手の顔も立て、その場の雰囲気を壊さない。東京の人はこれを間違い、前向きに考えてくれるものと受け取る。

このように大阪言葉はわざとあいまいにぼかすのが得意だった。京都はもっとややこしい。このことが定評になっていた。

ところが、このごろはどうも様子が違う。第一に、若い人がこんな大阪言葉を知らなくなって来た。反対に、本音をさらしてどんどん突っ込んでいる。はっきりものを言うので、怖がられている。

電通関西支社マーケティング局が昨一九九七年（平成九年）夏にやって今年にまとめた関西生活者総合調査にこんな結果が出た。「とてもそう思う」「ややそう思う」「どちらとも言えない」「あまり思わない」「全く思わない」の五段評価で質問した。この一番目と五番目は、はっきりものを言うことになる。この二つの合計が、大阪圏では二三・一%、東京圏は二〇・九%であった。あいまいな「どちらとも言えない」は、大阪圏が三六・三%、東京圏が三八・四%だった。この数値を合わせてみると、大阪人の方が、イエスかノーかをよりはっきりと言えることになる。ついに大阪と東京が逆転した。国際化についての大阪の心配は無用である。

一方、「人と議論するのは好きでない」と答えた人が大阪圏が六二・九%、東京圏が六〇・七%である。大阪の方が議論を好まないことが分かる。これはイエスかノーかとは関係がない。大阪人は議論が嫌いである。あんなものは空《むな》しく無駄だと考えている。

なぜ、東京があいまいさで大阪より上になったのか。東京にちゃきちゃきの江戸っ子が次第にいなくなり、地方から来た人に占領されたのかも知れない。あるいは、あいまい、ごまかしを命とする政治が東京を変えてしまったのか。

横浜の司令塔

ことし一九九八年（平成十年）は横浜の年である。夏の甲子園の高校野球では、松坂大輔《だいすけ》投手の横浜高校が春の選抜に続いて劇的な優勝をした。プロ野球のセントラルリーグでは横浜ベイスターズが三十八年ぶりに覇者となった。ふと、私は何年か前の情景を思い出した。横浜スタジアムに近い中華街の、あまり大きくない中華料理店だった。

料理の出て来る具合が実にいい。一つの皿を食べ終わると、間髪を入れずに次の皿が運ばれる。最初の皿が出てからは、待つ時間が全くない。それだけでない。茶がなくなると、さっと注ぎに来る。

すごい。いつもの他の店と違う。長く待たされていらいらする。皿が幾つも、どっと来る。次が来ない。ひどい時は、別の料理を注文した連れが食べ終わっているのに、こっちはまだ来ない。茶が切れて手を上げても、知らぬ顔を決め込む。これが普通である。

ホテルのパーティで、一度試して見ればよく分かる。ウエーターがずらりと並んでいるのに、手を上げてもだれも気付かない。彼らの視線はみな同じで、客より上を見ている。客を見ないようにしている。彼らは平等である。会場全体に気を配っているキャップがいない。料理を運ぶのもばらばらで、連携がまるで取れていない。たくさん居たかと思うと、ある時から一人もいなくなる。

横浜の中華料理店が、なぜかくもみごとなのか。私は観察した。すぐに分かった。奥の真ん中に、でっぷりと太った男の人が立っている。中国人であるらしい。ときどき、テーブルの間をゆっくり歩いて回る。視線をじっと客から離さない。ときに、あごと手で、ほとんど気付かれないようなシグナルをウエーターに送っている。ウエーターたちは、彼の手足のように動いている。

何んという素晴らしいチームワークであることか。私は感動さえ覚えた。これが本物のプロのサービスである。それに比べ、日本のホテルや料理店にサービスというものがあるのか。皿を一人ひとりが勝手にただ運んでいるだけではないか。

現場に司令塔がいないサッカーやアメフトやラグビーや野球なんか考えることができない。だが、いくらいい選手を集めても、駄目な監督では何んにもならない。なるほど、横浜ベイスターズには権藤博《ごんどうひろし》監督という賢く強い司令塔がいたのだ。

日本は司令塔欠乏の社会である。政治などはとくにひどい。司令塔の地位に司令塔の用をなさない人をすえる。その方が自分たちが勝手に振る舞えるとでもいうのか。あるいは、司令塔が命令を発するのが民主主義に反するというイデオロギーがあるのか。司令塔をいやがるのも、日本の世相である。

いい司令塔がいなくてサービスの劣る店は、はやらないだろう。スポーツでも、そんなチームは強くならない。同様に、そんな社会や組織は没落してしまうだろう。

五輪誘致の本音

二〇〇八年に大阪市へオリンピックを持って来ようという。その国内候補地になったが、自民党政府の閣議決定が遅れた。これが東京なら、もっと早くしていただろう。大阪で自民党が選挙に負けたせいかも知れない。日本を挙げて誘致に本腰を入れなければ、とても世界を向こうに回して勝てない。

むろん、問題はいろいろある。大阪人がマナーを守らないから、世界から人を迎えて大丈夫やろか、という懸念《けねん》がある。オリンピック開催中に交通規制をしたら、みんなブーブー言うのとちゃうやろか、と案じる人もある。だが、それはいらぬ心配だろう。APEC（アジア太平洋経済協力閣僚会議）のときもそんな声があったが、何もなかった。大阪人はいざとなったら守るものは守れる。阪神淡路大震災のときだけは、代替バスにきちんと並んだ。

地元での反対運動も声はそんなに大きくないが、やはりある。一つはこの時期にという財政の問題である。また、人工島を舞台にするから生態系を破壊するというものである。

オリンピックで、もうかることがあっても、損にはならない。大阪人はそんな胸算用をする。一兆千八百億円という経済効果の試算も出している。来たら、もうけもんや。これが正直な心情である。もし負けても名古屋のように市長や知事の進退問題になることはないだろう。そんなに悲壮な気分を、大阪人は持っていない。

もともと大阪市は国際集客都市をめざした戦略をかかげている。また、大阪湾を埋め立てて、西へ延びるのが大阪の歴史的宿命である。これらのためにオリンピックを利用するだけのことである。そのためとくに造るのはスタジアムとプールだけである。関西国際空港も大きな力になるだろう。オリンピックは通常の街づくりの延長線上にあるに過ぎないと、磯村隆文《いそむらたかふみ》大阪市長も言っている。

オリンピックだけではなく、東アジア大会などの国際スポーツ大会を次々に開く予定である。オリンピックが終わっても、大阪は身分不相応な大きなスポーツ施設をかかえて困ることはない。長野のようなその後の苦労はないだろう。

オリンピックが実現するに越したことはない。世界から注視される効果は一九七〇年（昭和四十五年）の大阪万国博覧会の比ではない。だが、二〇〇八年には中国のどこかの都市やブエノスアイレスなどという難敵がある。勝つのは容易ではない。

しかし、それらと競《せ》り合うことによって、大阪の名は世界により知られるに違いない。

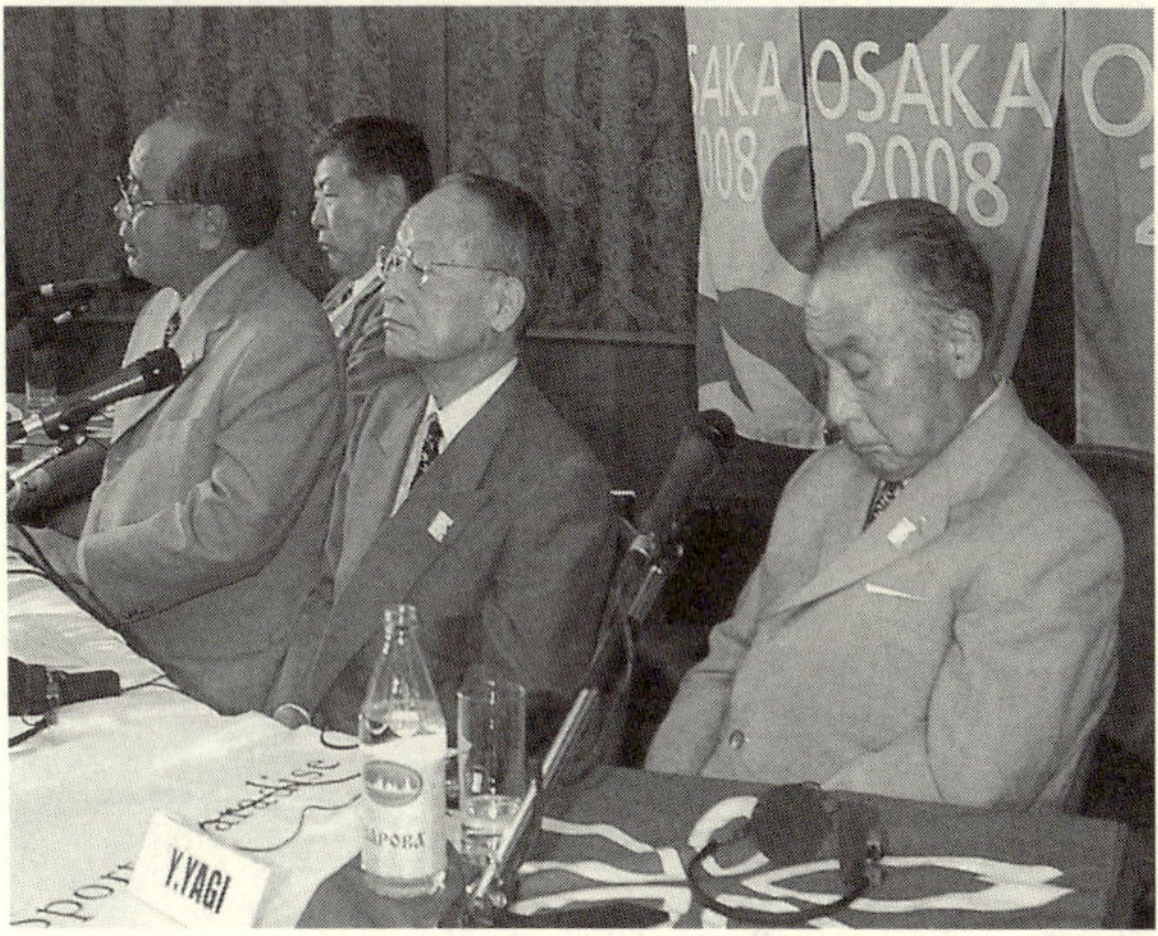

2008年五輪招致、やっぱりアカンかった……

世界においては、大阪の知名度はそれほどでない。二〇〇一年（平成十三年）までの招致合戦で、その名がかなり世界中にばらまかれることになる。宣伝好きでは定評のある大阪のことである。それにどのくらいの金を使うのか。大阪人得意の損得勘定がされるだろう。とにかく、だれも分かる一つの目標があるのはいい。

中国は北京が名乗りを上げた。強敵が多く、大阪は敗れた。

東京人と大阪人

『大阪学』を読んだ方から手紙をもらった。東京から来た転勤族の妻で三十歳、と名乗っている。姓だけで、住所も大阪府とだけである。これが大変に面白かった。少し引用させてもらう。

「私が言いたい事、感じていた事など、さまざまの見方から大阪の人を実に本音でとらえてあります。電車の中で読んで、私の顔がにたにたとなりました。実によい気分でありました。でも、ここまで書いて関西の人に良いのだろうか、とまで思ってしまいました。関西の人がこれを読んでいないのだろうか」

「でも、関西の人は悪いところでもどうしても変えられないと書いてあるようです。本当は関西の人が読んでどうすべきかを考えてくれてもいいのではないでしょうか。この本は関西の人に広く読んでもらいたいと願う気持ちに私はさせられました」

「最後に、大谷学長、私たち関東の人が関西に住んでどれだけ大変な気持ちでいるかを理解していただいた上で書かれていると思え感謝せずにはいられません。現代社会はストレスのかたまりのようです。その中で、こういう土地に住むことだけでもストレスとなります。うっぷんがかなり無くなったように胸をなで下ろさせていただきました。本当にありがとうございました」

ああ、びっくりした。『大阪学』の読者にこういう方もいた！　東京でもかなり売れたが、東京の人はこんな読み方をしていたのに気付いた。大阪に住み、こんな思いをしている方もいるのだ。

私は大阪人の悪口を言っているつもりは毛頭ない。といって、お国自慢もしていない。ただひたすらに事実を描いているのであり、善悪や好悪《こうお》の感情をはさんでは学問にならない。

この東京人の読者は、関西人が『大阪学』を読んで怒り出さないかと心配して下さっている。しかし、こんなに書いてけしからん、と大阪の読者から怒られたことは一度もない。いや、その反対である。これを読んで、大阪に生まれて本当によかった、大阪人であることを誇りに思う。こんな手紙や言葉をよくもらう。

この違いは何んだろう。まず、こんな性行を大阪人はいけないことだ、と思っていない。東京人は、ひどいことだと思っている。価値観が正反対ということになる。こんなに東京の一極集中が進み、航空機や新幹線で近くになっても、やはり東と西は違うのである。

もし、大阪の人が読んで、ちょっとよくないなあ、と思っても腹を立てないことも分かる。以前に森喜朗前首相が、「大阪はたんつぼ」と発言した。新聞がこれを取り上げてあおり立てた。識者の談話を載せたが、「気にしてません」というのが多かった。これが東京や東北だったら、いきり立つだろう。大阪人はみな平気で笑っていた。人間には多くの要素がある。その中の何かに欠点や弱点があっても、当たり前なのである。大阪人にはこんな深さがある。

東京はなぜいいか

東京へ東京へ、と人もなびく。東京はいいか、住みよいか。

私は、東京に三日いると、大阪へ帰りたくなる。だが、人は東京がいいらしい。首都圏の人口がどんどん増えている。

経済企画庁の例の「豊かさ指標」によると、東京は都道府県中で七位にいる。この順番の前後はすべて地方である。十位までは、福井、石川、長野、山梨、富山、鳥取、東京、香川、島根、徳島の順である。大都市の中では、東京が突出している。このお役人がつくった番付では、東京が豊かで住みよい大都会ということになる。

大学とか図書館とか美術館とか劇場とか大病院とかが東京に多いことが、そうなった大きな原因のようである。なるほど、東京にはそんなものが圧倒的に多い。だから、「豊かさ」になる。一方、東京を取り巻く土地は、ひどく悪い。埼玉県が最下位の四十七位、千葉県が四十一位、神奈川県が三十九位なのである。

しかし、東京に住んでいる人がそんなに満足しているとは、とても思えない。狭い家、まずい食べ物、地獄のような長い通勤。これだけ並べても分かる。また、東京都だけが東京でない。埼玉や千葉や神奈川という、いわゆる首都圏すべてが東京と考えた方がいい。阪神間や奈良なども大阪とした方がいいように。

電通関西支社の「関西生活者総合調査」によれば、できたらずっと関西に住んでみたい人が六七・二％なのに比べて、首都圏に住み続けたい人が、何んと三四・六％と半分しかない。東京の人は東京がいいから住んでいるのではないのだ。

東京に人が集中する本当のわけは、もっと単純なことである。それは東京に会社、つまり働く場が多いためである。しかも、大企業の本社が東京に集中している。これは経済と政治の一体化、省庁との交渉、情報の収集、効率化のためである。全国の支社、支店、営業所、工場の人たちにとって東京の本社があこがれの的になる。朝日新聞の富山支局の若い記者たちの昼休みの雑談をもれ聞いて、びっくりしたことがある。終始、彼らは実に熱心に東京の赤坂や青山を語り合っていた。東京に帰りたくてぴりぴりしていた。

東京本社の課長が大阪などの支社の部長にと、ランクが上がって赴任する。二、三年して本社の部長に横すべりする。こういう人事がいま非常に多い。だから、出世したければ東京へ行かねば駄目なのである。大阪にいては、いつも東京から来た部長の下にいなければならない。踏み台である。出世は下のランクに限られる。東京に本社のある会社の人が常に東京へ行きたがるのは当然である。

東京の大学に学生が集まる。これも同様である。就職しやすい、本社に入れるチャンスが多いなどを彼らは本能的に知っている。

チカン　アカン

「チカン　アカン」。こんなポスターが大阪中に張り出されている。地下鉄や私鉄の駅と車内、それに府下の交番で見られる。大阪府警鉄道警察隊・大阪府鉄道警察連絡協議会が作った。

黒地に白の大きな字でチカン、黄色に黒でアカンとある。とにかく、すごく目立つ。チカンの下に小さく、「チカンは犯罪やで　迷惑防止条例」、アカンの下に「絶対に黙ってたらアカン　見て見ぬふりはアカン」とある。もっと小さな字がさらに下にあるが、あまり読まれない。写真やイラストは、一切ない。字だけで勝負する。

これは傑作である。

電車内の痴漢行為が増えている。もちろん、警察は取り締まりをし防止しなければならない。で、ポスターを作ることになった。他の府県では、こんな文字になっている。

痴漢はいけないことで犯罪になるぞ。みんな気を付けよう。勇気を出してつかまえよう。つまり、お上が高いところから民衆を諭し警告している。

そんなポスターは大阪では効果がない。お上の言うことを、素直に聞かないのが大阪人の性行である。むしろ反発する。

このポスターもその趣旨は変わらない。どこが違うか。第一に、上から抑えつけてはいない。痴漢をやる男、やられる女、見ている人の目線の高さに立っている。「アカン」という大阪弁には、その底に親しみが込められている。東京弁の「いけない」「駄目だよ」のような冷たさがない。また、いかにも簡単明快である。だれにでも、一目で心に残る。小さい方の字の「チカンは犯罪やで」では、「で」の一字だけで、感触ががらりと変わる。警察による威嚇《いかく》の気配が、ぱっと消える。語呂《ごろ》合わせが、また素敵である。ふと笑いが浮かぶほどおかしい。大阪では、どんな良いことを言っても、そこに面白さがなくては受け付けられない。

以前にも、こんなテレビ・コマーシャルがあった。大阪名物のおばはんが、街のど真ん中で不法駐車していて検挙された。「ええっ!?　みんなが停めてるやないの。何んで私だけ言われなあかんのんなア。失礼やわ！」と、おばはんの怒りの顔が大写しになる。そこへ、「失礼なんはあんたや、大阪の迷惑駐車」と、ナレーションが入る。「みんなで

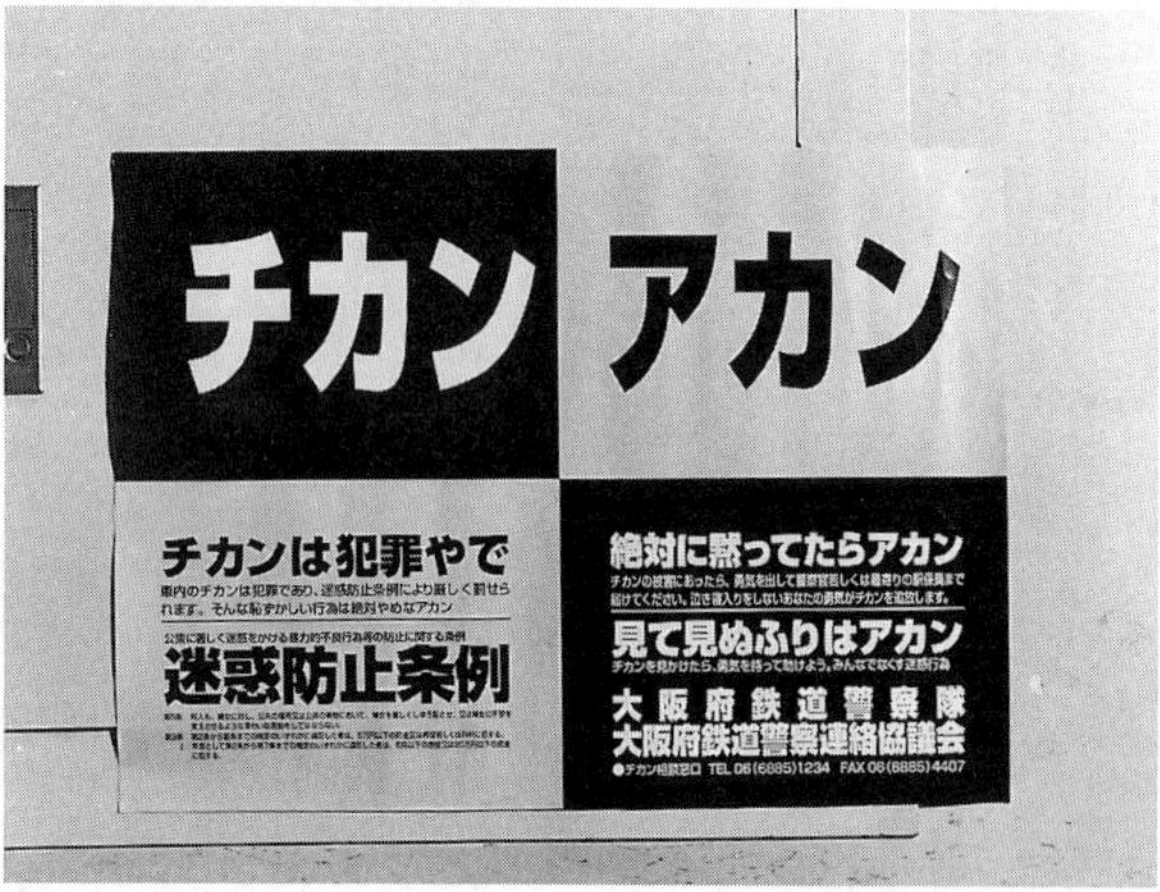

インパクト抜群のポスター

考えないとダメみたい」の字幕が出る。

これは、大阪府の交通キャンペーンのコマーシャルである。大評判になった。普通は上から道徳や法律を守ることを呼びかけるのだが、取り締まられる方の本音をぶつけた。自分がそこに登場しているような親近感や実在感がある。

お固い役所や警察までが、こんな大阪的発想をする。インパクトの強烈さが話題をさらう。それが実際の効果を上げればいい。これが東京などなら、不謹慎なと抗議が来るだろう。このポスターは東京には現れないだろう。これこそが、大阪である。

近ごろ心うたてい人

こんどは、近ごろよく見かける心うたてい人たちを紹介しよう。うたていは、情けないとか困ったという意味の古語である。

一つには、悪いことはみな人のせいにする人である。みんなでやって具合が悪くなると、知らん顔をする。失敗に終わると、だれかに責めを負わせる。こんな人が上司にいたら、たまらない。

二つには、いたずらに自尊心、プライドが高い人である。自分はいつも正しいと思い込んでいる。これに反する他人のいうことは、常に間違っている。人を批判するけれど、人から批判されたらいきり立つ。自尊心は人間に必要だが、これは絶対に人前に出してはいけない。自分を高めるためだけに使うべきである。自尊心の強い人を扱うのは難しい。彼らは、その半面で劣等感も強いからである。

三つには、属している組織によりかかり自分がえらいと思い込んでいる人である。その会社や学校が有名であることと、その人の値打ちは同じではない。どこにも、えらい人も、ばかもいる。それがとくに日本では分からない。人間の本質を見抜く目がないからである。さらに、役職やポストで何か自分がえらいように錯覚する人も多い。下らない偶然や情実や駆け引きで人事が決まることも少なくないのだが。

四つには、たえず建前ばかり言い立てる人である。建前を人質にして、自分を通そうとする。本音を隠しているか、自分では気づかないでいる。その本音を突かれたらうろたえ、いきり立つ。おかげで、会議は実効を得られない。本音本位の大阪では住みにくい人だが、どんな組織にも必ずいる。この建前が主義、イデオロギーから来ていると、一層困ったことになる。この人たちは言うこととやることが違う。それは政治家が一番ひどい。大学にもいる、いる。

五つには、後ろばかり見ている人である。いままでのことが、いつも一番よい。前を向かない。そのまま安易に生きたい。何か起こると、ああすればよかった、だれが悪かったと言うばかり。こんな人しかいないと、世の中や組織は改革ができずに衰退してしまう。

六つには、何人かが集まると、そこにいない人の悪口を言う人である。これは女性の、しかも中年にとくに多いようである。どんなグループにもきっと一人はいる。それを聞いている人は、あすは我が身と考えた方がよい。自分がいないと、その番になる。人の悪口に、相づちを打ってはいけない。その人が悪口を言っていたことに次はすり替わることになる。分かっていても、そんな人を排除することはできない。なぜなら、ひどい仕返しを受けるからである。

七つには、技巧をこらして自慢する人である。これは、むろんお母さんたちに多い。お宅の坊ちゃんはよくお出来になってうらやましい、などとほめ立てる。だが、それは呼び水である。相手がお宅こそいい学校にお入りになって、と言い出すのを待っているのである。うっかりと褒め返さなかったりしては大変なことになる。それこそ、どんな悪口をよそで言われるか知れない。ご用心。

上座と下座

世の中には面倒なことがある。上座と下座というやつである。座敷に入っても、うかつには座れない。自分から上座に着くのは、まずい。「出しゃばり」とか、「自分をえらいと思っている」と陰口される。それでは、どこが上座なのか。床柱を背にするのが最上であり、入り口に近いのが下座である。そんな知識が必要になる。

スピーチをする人は、「高いところから誠に失礼ですが」とか、「諸先輩を差しおいて」と、きっと断る。高いところは、上座に壇があるところから来ている。将軍や大名は同じ座敷でも一段高い壇の上にいる。いまは壇がなくても上席という意味である。

どんな会合でも、末席から人が埋まり、後ろに立ったままの人もいる。入り口はぎっしり詰まり、人の出入りも難しい。それでも、前の席にはだれもいない。上座だからである。とくにPTAの集会に多い。ぽつんと前の席に座ろうものなら、「あの奥様、変わったお方や」と、ささやかれる。それは日本の社会では大いにマイナスになる。上座に着くことは、本当に勇気の要る行為である。

昔、予備校の入学式でこんなことがあった。教室の前の方ががらがらである。みな、後ろに固まっていた。「君たちは本気なのか。本当に勉強したいのか」と、老講師がどなった。

後ろの席に固執する人は、たしかに強い熱意を持ってその会合に参加していない。義理で出ているのは明らかである。そう思われても、後ろに座る方がよい。大学の教室でも後ろにぎっしり詰まり、前方がまばらである。熱心に聞いているのは前の席の学生である。

日本の社会に、なぜこんな風景が見られるのか。それは非常に根深い問題である。敗戦後、日本は封建制を脱ぎ捨てようとした。その初めのころ、親が子に「封建的や」と言われてたじろいだ。いまはもうその言葉が懐《なつ》かしい。近代化や民主化が進んだようである。

ところが、その封建制の残りカスがまだ多く、その一つがこの上座・下座なのである。封建の世では、上座・下座は厳格に守らねばならぬ定めであった。まず士・農・工・商の身分があった。とくに武士は家柄や身分や石高によって、細かく厳しく席次が決められていた。全く同じならば、年齢による。この順を冒すことは許されなかった。順を間違って刃傷沙汰《にんじょうざた》になることもあった。

大坂の学問所の懐徳堂の学主だった中井竹山は、それまでの武士を上座とする学則を改め、「書生の交わりは貴賤《きせん》貧富を論じない。だれでもが同輩とすること」とした。町人が武士の上座になってもいいことになる。人びとを縛りつけていた身分の定めを吹っ飛ばした。近世の封建制の下では空前のことである。これはまた、町人社会の大坂でなければ出来なかった。

それなのに、いまも上座・下座から解き放たれていないのは何事だろう。日本はまだ近代にも成り切っていないようである。

個性的の内幕

このごろ、「個性的」という言葉が大もてである。どんな学校でも、「個性を伸ばす」ことを教育の目標に掲げている。会社の入社式には、社長はきっと「個性のある人間であれ」と訓示する。個性とは、他の人とは違って、その個人にしかない性格である。ところが、いまの日本の社会は、あまり個性的でない。だからこそ、求められているのかも知れないが。とにかくその実情は、個性的な人間には住みにくい世の中である。

個性的な人のもう一つの名は、変わった人という。変わっているというだけで、学校では仲間外れにされ、いじめられる。それは子どもだけではない。熱心な先生がみなと違う教育をすると、仲間から糾弾される。ともすれば、学校は制服を着せたがり、校則で子どもを縛り一体化したがる。教育がやりやすく、楽だからである。

亡《な》くなった黒沢明監督は、近ごろの映画人はサラリーマン化している、と嘆いていたそうである。個性を持たず決まったことしかやらない、という意味だろう。この「サラリーマン化」という言葉で分かるように、会社に勤める人間は個性を持たないのが普通なのである。社長は訓示をしても、実際の部課では個性的な人がいては困るのである。個性的な人はともすれば、社会的常識に欠けていることが多い。だから、組織の中ではいろんな支障が起こる。

社長たちの訓示の本当の意味は、個性的な才能を持てということであろう。会社中がみな没個性的なサラリーマン体質だったら、その会社の将来はない。他社とは違うことを、次々にやらねばならない。それには個性的な才能が必要である。だが、そんな人は多くない。社員全員が個性的だったら、組織は混乱するだろう。決まったことを着実に間違いなくやる人びとも必要なのである。それに、まだまだ、業界に横並びばかりしている会社が多い。

私がある役所の催しの名付けの審査をしたことがある。「ふれあい」というのがあまりに有り触れているので反対したら、役所側は定着しているからと推した。なるほど、役所はいまもそういう考え方であるのかと納得した。先走った個性的ではいけないのである。

個性的とか自由というと、自分の欲望のままに気ままにやることだ、という間違いもある。個性的といって他人と違う性格であっても、それだけで誇れることではない。個性的な才能こそを持たねばならない。出色の才能を持った人の振る舞いを、組織は認めないといけない。同輩は非難するが、上司はそれを去勢してはならない。困るのは、才能がないのに個性的な人である。

人間とは別に、国家や民族や地域にも個性がある。日本で一番に個性的なのは、大阪である。この個性を押しつぶそうとしているのが、東京の一極集中である。その強い力にもかかわらず、交通や通信が進んで距離が近づいても、やはり大阪は個性的である。

大阪は国際都市

ニューヨークの森岡洋子さんからファックスをもらった。ニューヨーク発の日本向けテレビ番組制作の仕事をしていて、いま、「ニューヨーク対大阪」というテレビ番組を作りたいというのである。その文面の一部を紹介したい。

「初めてニューヨークに降り立った日から、この外国の大都市がなぜか大阪に似ていると、ある種の直感めいたものが私の中に湧《わ》き起こりました。ニューヨークと東京が姉妹都市ですが、それがなぜかという疑問を抱きました。大阪の方が近いものがあるのに」

「毎日放送の北米局長の方が赴任されて発した『ニューヨークと大阪、似てますよね』の一言が、私の思いを氷解させました。地下鉄乗客の無秩序、強引なタクシーの運転術、屋台フードの林立、信号無視の歩行者、街の喧噪《けんそう》などなど、話は尽きませんでした」

「ニューヨーク在住のディレクターが日本に里帰りをした際に、『大阪学』『続大阪学』に出会い、顔を紅潮させんばかりの勢いで戻って参りました。大阪とニューヨークの共通性がまた一つ、私の直感の域を超えて現実のものとして同書の中に姿を見せたのです」

　なんと、大阪がニューヨークと似ているのだ。

　最初、私はアジアの都市とよく似ていると考えて来た。ジャカルタやシンガポールなどで、私はそれを直感した。『大阪学』が出たあとで、何人もの方からそれを実証する話をいろいろ聞いた。台湾の台北では、交通信号がまるで守られていない。中国の蘇州では、信号機に秒読みの数字が出る。これは蘇州へ短期留学したうちの学生が見つけた。二〇〇〇年（平成十二年）五月にその蘇州へ私が出かけて確認した。時間待ち信号表示は、大阪だけの専売特許ではなかった。香港やシンガポールでの裏付けも多くあった。

ところが、大阪はパリに似ているという報道があった。ハンバーガーのマクドナルドを東京の若者がマックと呼び、大阪はマクドと言いダサイとされる。それが、パリはマクドーと発音するという。不法駐車、荒っぽい運転、割り込み乗車など、なにわ名物がそっくりパリのものらしい。そこへ、こんどはニューヨークと来た。

こうなると、大阪こそが世界の国際都市ではないか。むしろ、東京とそれを見習う日本中の各都市の方が、世界では例外といえる。東京の人が行儀がいいのは、規制が好きだからである。いや、東京は全国に規制を発することでその地位を得ている。あるいは封建社会の武士の生き方を踏襲している。大阪はそれに従わない。日本では独自なのだが、案外に世界ではそれが普通かも知れない。

いま世界中から日本に対し、経済をはじめ社会の規制を緩和せよと迫っている。それは東京式のあり方をやめよということである。もっと自由を求めている。それは秩序よりも自由という大阪のやり様を意味する。これが人間の本能で、いい悪いはまた別である。

とにかく、これからは大阪の時代である。

前進あるのみ

近ごろ、ぎょっとする時がある。朝刊の社会面の下段に死亡記事が並んでいる。先日なんか、亡《な》くなった五人とも、私よりも年下であった。私は七十七歳になった。

人生とは何んだろう。このごろ思い浮かべる一つの構図がある。広い荒野である。無数の人びとが、小銃を抱えてひたすらに前進している。突撃している。弾丸は降るように飛んで来る。あちらこちらで、「やられたァ」という叫び声がして、人がばたばたと倒れる。

以前はそんなことはなかった。弾は来ている。だが、かなり先の方を走っている人が、時おり倒れる。そこまでは大分に距離があるなア、と思っていた。

少しずつ近くなる。まだまだ間があると、心のどこかでささやいている。いつか、思いがけずに同じ列の人が弾に当たり倒れた。ああ、この人はもともと体が弱かった、ついて行けなかったんだ、と納得する。またも、だれかが倒れる。ぎくっとする。おや、この人は自分よりも頑健だったのに、と思い返す。

後ろの方で、「やられたア」の声がした。驚く。それが増えて来る。「シュッ」「ヒューン」と、弾の音が大きくなり、多くなる。気がつくと、前方の人影がまばらになっている。その人が何か頼もしい。かなり先に、きんさん・ぎんさんの姿が見えて来た。ただ前の人は息切れして速度が落ちている。弾がよく当たる。六年前に、両親が相次いで弾に当たった。ともに九十歳だった。おや、わが家系では私が先頭になってしまった。

いつか、一人残らず弾に当たるのだ。敵陣、いや彼岸にたどり着くことは絶対にできないのである。空《むな》しい突撃なのだろうか。アホらしい所為ではないだろうか。そう思いながら、しかし、ほとんどの人は走るのをやめない。

いや、と思い直す。こうして彼岸をめざして走っていることこそが、この世の姿なのではないだろうか。弾に当たるからといって、立ち止まることはできない。もっと当たりやすくなる。後ろへ引き返すのは許されない定めになっている。ただただ、前へ前へ突撃するしかない。

つまりは、走り方である。それが自分や社会に少しでも意義があったのかどうか。いつも全力を尽くして後悔はなかったかどうか。それを考えながら、なお走る。そうだ、その間に戦争があったけれども、小銃を抱えているけれども、こちらから向こうに弾を撃ったことはなかった。よかった、という思いが頭をかすめる。

与謝蕪村が書き遺《のこ》した「百歩尚《なお》百歩」という言葉を思う。百歩も行ってやれやれと一息つくが、いつもまだ先がある。彼は人生とか学びとかを、その五言に託している。

最後の一瞬まで、気力を振り絞って走ろう。

文庫のためのあとがき

世相というものは移り変わるものである。いまの時代に三年もたてば激変しているかも知れない。かなり手を入れる必要があるのではないかと、こんど改めて読み返してみた。案外にそのままエッセイとして通用できそうである。修正や増補は少しあったが、がらりと変えることはなかった。それは、目前の世相を語っているものではあるが、その底に流れる人間の本性を常に考えていたからかも知れない。安心した。

立場に変更のあったのは、私が帝塚山《てづかやま》学院大学の学長をこの三月末に任期満了で退任したぐらいである。

この本は独立した一個の本であるけれども、私の「大阪学」を補強したものであり、一連のものとして読んでほしい。

二〇〇一年七月一日

大谷晃一

解説

島村洋子

ほんのふたむかし前、私は当時、南海高野線の帝塚山《てづかやま》駅から五分のところにあった帝塚山学院短期大学文学科文芸専攻の学生だった。

私はそこで大谷晃一の講義を受けていた。

だから以下、大谷先生と言わせてもらう。

ついでに同時期、私は眉村卓の講義も受けていた。

どんな偉い作家にも「先生」とは言わない私であるが、眉村先生のことは「先生」と呼びかけることにしている。

眉村先生の講義は『創作研究』という小説を書く時間だったのだが（後年、三年間その講義は私が持つことになった）、さてさて大谷晃一先生の講義が何だったたか、私はさっぱり思い出せない。

思い出せないのは、講義がつまらなかったわけではない。

その反対で爆笑につぐ爆笑で、楽しい講義だった記憶はあるのに、講義の名前が思い出せないのだ。

テキストは先生の著書である『文学の土壌』だった、ということまで記憶しているのに。


大谷先生は帝塚山学院大学のほうから週一回、私たちの短大に講義に来られていた。

初めて大谷先生の講義を受けたときの私の印象は、正直言えば「あやしい」である。

本当に大谷晃一先生はあやしかった。

なぜなら当時の他の先生方は木訥《ぼくとつ》で、少し困りながらぼそぼそと講義されることが多かったのに、大谷先生の講義は大変に面白かったからである。

たとえば他の独身の先生などは、

「僕は三校、教えに行ってますが、帝塚山学院の学生さんのイメージは白です。花にたとえるとユリです」

と絶句される人もあったりしたのだから。

当時の私は「学問というのは辛気臭くつまらないものだ」と勝手に思っていたので、まるで大道の香具師《やし》（すみません）のように面白くて飽きない大谷先生のその話術に、少なからず衝撃を受けた。

例えば森鷗外の墓には「森林太郎墓」としか書かれていないのは何故《なぜ》か？「織田作之助は反骨精神が強く東京の文壇というものと戦っていた」など真面目《まじめ》な講義なのだが、大谷先生ご自身のユニークなキャラクターのせいもあり、とても面白かったのだ。

そのあまりの面白さにこの人ほんまに大丈夫かいな、と思っている私に友人が、「あの先生の本を買うて、『サインしてください』って言いにいったら、ものすごく喜びはるで」

と教えてくれたので、さっそく私は『評伝　梶井基次郎』を本屋で買い、講義後、先生のところに行ってサインをいただいた。

先生は名簿をご覧になって、

「きみは何番の誰や？」

とうれしそうにお尋ねになり、私の名前も書いてくださった。

名前の横に『恵存』とお書きになった。

これは今でも私の宝物である（「著者は本を買ってくれる人が何より好きなものである」ということを私はその一年後に自分の身を以《もっ》て知ることになる）。

大谷先生のご著書は綿密な調査に基づいて書かれてあるのに面白い、という不思議な本である。

事実、最近でも私は大谷先生のご著書の『評伝・織田作之助』を参考に、ありもしない阿部定と織田作之助のロマンスも書いたくらいなのだ（『色ざんげ』新潮社より絶賛発売中！）。

さてこの『大阪学』は大ベストセラーのシリーズなので、今さら私などが説明することもないと思うが、大阪人を通して論じる現代風俗批評であり、面白いエッセーでもある。この『大阪学　世相編』でも、大谷先生はいろいろなものと大阪を比較してその特殊性を論じておられる。

しかし、とここで私はあえて反論させていただくが、大阪人と今、私の住んでいる東京の下町の人間はまったく同じであるように思える。月島の商店街と私の育った大阪の此花《このはな》区の商店街の人々は言葉こそ違え、ほとんど同じである。

今日知り合ったばかりの人が親しげに話しかけてくるし、まったく気取らない。だからよく対比される大阪人と違う東京人というのは、「功なり名を遂げて今、山の手辺りに住んでいる地方出身の東京人」ではないか。

あるいは「大阪人」と一口に言うけれど、私のような北大阪出身者と南大阪出身者とではまったく違うようにも思われる。

私は相手が大阪出身者でない限り、大阪弁を話さない（「～しちゃうでしょ」などと大阪人が大嫌いな言葉を日常しゃべっているわけです）。

また文豪を私と一緒にしては申しわけないけれど、北大阪出身の川端康成も東京に出たらすぐになまりを直したのではないかとも思う。

どういうわけかは判然としないが、本町《ほんまち》以北と以南では違うような気がするのだ。

私はそれまで阪神沿線で育ったのだが、帝塚山学院に通って驚いたのは、

「黒板、消やすのん？」

と岸和田の女の子に言われたことだ。

消やす、って消す？

この「やす」ってなんだろう？

あるいは「～してるの？」というとき、私たちはそれまで「～してんのん？」ときいていたのに、「～してんか？」と泉大津の子に言われたときには、この人は私にケンカを売っているのだろうか、としばらく考えたものである（これ言外に「私たちは上品なんです」と言いたいみたいな文章であるが、自分を含め北大阪出身者にはそういう厭《いや》な

ところがあると思う)。

おまけに私は買い物のとき、値切れない。

大阪出身だというと、いろんな人に、

「ど根性があるんでしょうね」

と言われるが、私には根気と根性がどうも備わっていない。

電車の中で大声で話す大阪人を見ると、「やぁねぇ」という顔もする。

そんな私でも、東京にいると「ざっくばらんな人」になるのだから、いったいどういうものだろう。

そんなにみんな打ち解けずに暮らしているのだろうか。

本当の大阪人というものはプライド高く、品のいいもののような気が私はする。

大阪のオバチャンが花柄のアッパッパを着ていてもそれも大阪らしいということになるのだろうが、派手な柄の服や下品な着物をいやがる婆《ばあ》さんは昔、私の近所にいた。

「もっとこうと(高等)な柄だして」

などと呉服屋で趣味のいい地味なものを求めていた人もいるはずなのだ。

あれはどこにいったのだろう。

もう死滅したのだろうか。

がらっぱちで下品なことを大阪らしい、ともし他の地方の人が誤解しているとするならば、是非とも大谷先生とその教え子さんたちであの美しい死滅しつつある人たちのことも調べていただきたい。

少なくとも私が通っていたころの帝塚山の町にはそういう人たちがいたように思うからだ。

私たちが通ったあの美しい短大はもうなくなってしまった。

お屋敷町にはよくあることだが、帝塚山の町でも相続税が払えずに物納になった豪邸がどんどんマンションになっている、という。

大阪に限らず、いろんな都市がその町並みを変えているだろうと思う。

そのうち大阪弁だけが、大阪らしいもの、ということになるかも知れない。

しかしそういうときが来たとしてもこの『大阪学』のシリーズは、「とても大阪らしいもの」として読み継がれていくのだろうと思う。

大阪市が二〇〇八年オリンピック招致に失敗した夏に

（二〇〇一年七月、作家）

図版提供

共同通信社　19
毎日新聞社　19，65，173，187
大阪都市協会　33，54，55
財務省造幣局　121
新潮社　145

この作品は一九九八年十二月経営書院より刊行された。

小沢昭一
宮腰太郎 著

旅ゆけば 小沢昭一的こころ

日本中の平均的ダメお父さんの胸の内を語り続けて十数年、TBSラジオ「小沢昭一の小沢昭一的こころ」の旅編。文庫オリジナル版。

大槻ケンヂ著

行きそで行かないとこへ行こう

なぜに行くのかと突っ込みたくなるような場所の数々。だが、行かねばなるまい「のほ隊」は！　オーケン試練の旅エッセイ十一番勝負。

邱　永漢 著

旅が好き、食べることはもっと好き

年間120日以上を海外で過ごす旅の達人が、ガイドブックに載らない旅と味覚のツボを伝授。忙しい人にこそぴったりの旅エッセイ。

瀬戸内寂聴著

私の京都　小説の旅

小説が京都を教えてくれる。詩仙堂の山茶花、祇園祭など、古都を背景にした瀬戸内文学の14の小説から美しい「京都」を再発見する。

宮脇俊三 著

最長片道切符の旅

北海道・広尾から九州・枕崎まで、最短経路のほぼ五倍、文字通り紆余曲折一万三千余キロを乗り切った真剣でユーモラスな大旅行。

群　ようこ著

亜細亜ふむふむ紀行

香港・マカオ、ソウル、大阪――アジアの街をご近所感覚で歩いてみれば、ふむふむ、なあるほど……。文庫書下ろしお気楽旅行記。

新潮文庫最新刊

群ようこ著
またたび読書録
群さんに薦められると思わず買ってしまう、あの本、この本。西原理恵子のマンガからブッダのことばまで乱読炸裂エッセイ24本。

平岩弓枝著
幸福の船
世界一周クルーズの乗客の顔ぶれは実に多彩。だが、誰もが悩みや問題を抱えていた。船内の人間模様をミステリータッチで描いた快作。

花村萬月著
守宮薄緑
沖縄の宵闇、さまよい、身体を重ねた女たち。新宿の寒空、風転と街娼の恋の行方。パワフルに細密に描きこまれた、性の傑作小説集。

原田康子著
聖母の鏡
乾いたスペインの地に、ただ死に場所を求めていた。彼と出逢うまでは……。微妙に揺れ輝く人生の夕景。そのただ中に立つ、男と女。

立松和平著
光の雨
一九七二年冬、14人の若者が、人里離れた雪山で、次々と殺された。「革命」の仲間によって——連合赤軍事件の全容に迫る長編小説。

見沢知廉著
調律の帝国
独居専門棟に収監され、暴力と服従を強いられる政治犯S。書くことしか出来ぬSが企てた叛乱とは？　凄まじい獄中描写の問題作！

大阪学《おおさかがく》　世相編《せそうへん》

新潮文庫　お - 41 - 3

平成十三年九月一日発行

著者　大《おお》谷《たに》晃《こう》一《いち》

発行者　佐藤隆信

発行所　株式会社 新潮社

郵便番号　一六二—八七一一
東京都新宿区矢来町七一
電話　編集部(〇三)三二六六—五四四〇
　　　読者係(〇三)三二六六—五一一一

価格はカバーに表示してあります。

乱丁・落丁本は、ご面倒ですが小社読者係宛ご送付ください。送料小社負担にてお取替えいたします。

印刷・錦明印刷株式会社　製本・錦明印刷株式会社

ISBN4-10-138223-9 C0130